助力乡村振兴
出版计划

【现代乡村社会治理系列】

乡村产业
发展规划
实务

主　　编　李广梅

副 主 编　万晶晶

编写人员　孙　正　倪慧敏　马慧慧

　　　　　王猛猛　路喻博

时代出版传媒股份有限公司
安徽科学技术出版社

图书在版编目(CIP)数据

乡村产业发展规划实务 / 李广梅主编. --合肥:安徽
科学技术出版社,2024.1
助力乡村振兴出版计划. 现代乡村社会治理系列
ISBN 978-7-5337-8926-8

Ⅰ.①乡…　Ⅱ.①李…　Ⅲ.①乡村-农业产业-产业
发展-农业发展规划-中国　Ⅳ.①F323

中国国家版本馆 CIP 数据核字(2024)第 000807 号

乡村产业发展规划实务　　　　　　　　　　　　　　　　主编　李广梅

出 版 人:王筱文　选题策划:丁凌云　蒋贤骏　余登兵　责任编辑:胡　铭
责任校对:张晓辉　责任印制:李伦洲　　　　　　　　装帧设计:武　迪
出版发行:安徽科学技术出版社　　　　http://www.ahstp.net
　　　　(合肥市政务文化新区翡翠路 1118 号出版传媒广场,邮编:230071)
　　　　电话:(0551)63533330
印　　制:合肥华云印务有限责任公司　　电话:(0551)63418899
(如发现印装质量问题,影响阅读,请与印刷厂商联系调换)

开本:720×1010　1/16　　　　印张:8.5　　　　字数:135 千
版次:2024 年 1 月第 1 版　　　　印次:2024 年 1 月第 1 次印刷

ISBN 978-7-5337-8926-8　　　　　　　　　　　定价:32.00 元

版权所有,侵权必究

"助力乡村振兴出版计划"编委会

主 任

查结联

副主任

陈爱军　罗　平　卢仕仁　许光友

徐义流　夏　涛　马占文　吴文胜

董　磊

委 员

胡忠明　李泽福　马传喜　李　红

操海群　莫国富　郭志学　李升和

郑　可　张克文　朱寒冬　王圣东

刘　凯

【现代乡村社会治理系列】

[本系列主要由安徽农业大学、安徽省委党校(安徽行政学院)组织编写]

总主编：马传喜

副总主编：王华君　孙　超　张　超

出版说明

"助力乡村振兴出版计划"（以下简称"本计划"）以习近平新时代中国特色社会主义思想为指导，是在全国脱贫攻坚目标任务完成并向全面推进乡村振兴转进的重要历史时刻，由中共安徽省委宣传部主持实施的一项重点出版项目。

本计划以服务乡村振兴事业为出版定位，围绕乡村产业振兴、人才振兴、文化振兴、生态振兴和组织振兴展开，由《现代种植业实用技术》《现代养殖业实用技术》《新型农民职业技能提升》《现代农业科技与管理》《现代乡村社会治理》五个子系列组成，主要内容涵盖特色养殖业和疾病防控技术、特色种植业及病虫害绿色防控技术、集体经济发展、休闲农业和乡村旅游融合发展、新型农业经营主体培育、农村环境生态化治理、农村基层党建等。选题组织力求满足乡村振兴实务需求，编写内容努力做到通俗易懂。

本计划的呈现形式是以图书为主的融媒体出版物。图书的主要读者对象是新型农民、县乡村基层干部、"三农"工作者。为扩大传播面、提高传播效率，与图书出版同步，配套制作了部分精品音视频，在每册图书封底放置二维码，供扫码使用，以适应广大农民朋友的移动阅读需求。

本计划的编写和出版，代表了当前农业科研成果转化和普及的新进展，凝聚了乡村社会治理研究者和实务者的集体智慧，在此谨向有关单位和个人致以衷心的感谢！

虽然我们始终秉持高水平策划、高质量编写的精品出版理念，但因水平所限仍会有诸多不足和错漏之处，敬请广大读者提出宝贵意见和建议，以便修订再版时改正。

本册编写说明

党的十九大把乡村振兴战略作为国家未来"七大战略"之一，作为国家战略，乡村振兴关系到我国能否从根本上解决城乡差别和乡村发展不平衡、不充分的问题，对于实现中华民族伟大复兴中国梦具有十分重大的现实意义和深远的历史意义。乡村振兴战略的总体要求是实现产业兴旺、生态宜居、乡风文明、治理有效、生活富裕。产业兴旺是根本，只有产业兴旺了，经济才能发展，乡村才有活力，人民才能安居乐业。随之而来的是一系列促进乡村产业发展的规划和政策相继出台，各地结合实际也相继制定了相应的产业发展规划，但产业发展规划的相关理论和规范仍处于探索阶段，并不成熟，亟须归纳整理和提升。

本书在理论结合实践的基础上，系统地介绍了乡村产业发展规划的基本理论、相关规范，以及编制规划的原则、方法和步骤。本书第一章至第四章属于总则部分，介绍了乡村产业发展规划的含义，乡村产业发展规划的编制程序、原则和内容，乡村产业发展规划的编制方法和手段，乡村产业发展规划的基本理论；第五章至第九章属于实务部分，分别介绍了现代农业、农产品加工业、乡村新型服务业、城乡融合、乡村生态环境等发展规划的编制内容。本书案例来源于实践，由教师团队真实承担的科研资源转化而来，立足乡村，融入规划专业要素，具有时代性、可操作性、可参考性。

本书在编写过程中，参考了大量的文献资料和国家政策，谨对相关作者和机构表示衷心感谢！特别感谢安徽农业大学经济管理学院万晶晶老师在本书编写过程中给予的大力支持和帮助！同时，感谢学院学生孙正、倪慧敏、马慧慧、路喻博、王猛猛在资料收集和整理等工作中的辛勤付出！

目　录

第一章 绪 论

▶ 第一节 乡村的含义

一 乡村的界定

乡村泛指农村,但二者又有区别。乡村既有乡又有村,指非城镇的广大农村地区,乡村更多地用来表达农村地域范围内居民聚集的场所,强调农村居民的社会关系;而农村则是从生产的角度,强调从事农业生产活动的人聚集的场所。乡村聚落中的居民不一定是农民,但农村聚落中的居民一定是农民。这种区分在当前是有现实意义的,因为随着社会生产力的快速发展,我国沿海和一些发达地区的乡村已经脱离了农业生产活动,不再是典型意义上的农村,所以用乡村的概念更为准确。

实际上,乡村和农村的概念基本上是通用的,很多学者关于乡村问题的研究也没有对农村和乡村进行区别。例如,日本学者将乡村定义为主要经济活动为农林牧渔业,以及具有相对独立的社会和自然景观特点的地区综合体。本书也把乡村和农村的概念视为一致。乡村规模大小不等,有只有少数农舍的小村子,也有上千户的大村。构成乡村的物质要素除了农业生产场所,还有农居、圈棚、库场、道路、水渠、宅旁绿地以及其他附属建筑物和构筑物,一般小的村子没有服务设施,中心村落或自然集镇才有低层次的服务职能。乡村产业发展规划所指的乡村是指县以下的广大区域。乡村是生产力发展到一定阶段的产物,在生产力高度发达的未来社会中,城市与乡村的本质差别将会消失。

（二）乡村的基本特征

在现阶段,村落仍是我国乡村的基本单位,但各地村落的大小差异较大。在我国南方地区,由于山地丘陵多、河湖交错、人多地少等原因,村落规模一般都比较小;而在北方地区,因为土地平坦、可耕地多,村落规模都比较大。

1.农业生产活动仍然是乡村的主要经济活动

由于我国各地自然条件差异较大,不同村落从事的农业生产类型有所不同。以安徽省为例,按照适宜农业生产的地形条件,可以划分为淮北平原农业区、江淮丘陵农业区、沿江平原农业区、皖南山地林茶区、皖西大别山地林茶区五大农业区,其中淮北平原、江淮地区主要种植小麦、玉米、甘薯、大豆、棉花,沿江地区主要种植水稻、油菜、棉花,而皖南、皖西山区则以茶叶和林特产品为主。

2.村落基本上布局在自然条件相对较好的地区

村落形成历史一般比较漫长,在我国历史上,千年村落比比皆是。早期人们开发改造自然的能力有限,总是选择自然条件较好的地方聚集,方便获得生活资料,因此气候适宜、水运发达的地方逐渐成为人口聚集中心,也成为近代城镇发展的起点。现在许多城市中的街道或道路仍保留原来村落的名称,也反映了早期村落的选址特点。例如合肥地处江淮丘陵地区,岗地比较适宜居住,井岗、庙岗、双岗、三十岗等均是早期村落的聚集地。

（三）当代乡村的变迁

随着社会经济的快速发展,乡村地区无论是社会经济内部结构还是外在空间形态都发生了巨大的变化。我国幅员辽阔,各地乡村空间演变特征差异较大,区位条件较好的乡村逐渐成为城镇用地的一部分,偏远地区的乡村也呈现数量减少、向优势区位集中的倾向。随着城市化进程的不断推进,全国自然村落数量大幅度减少。据统计,我国自然村数量从高峰时期的360万个减少至2020年的236万个。原本满天星式的自然村落逐渐向道路两侧和中心集镇布局,呈现交通、水系、城郊、集镇中心指向特征,即使保留下来的村落,很多也是"空心村"。

从人口结构来看,乡村中主要以老年人为主。年轻一代普遍通过各种途径进城,并且随着我国户籍制度的放开,以前以妇女、儿童、老人为主的人口结构逐渐过渡为以老人为主的结构状态。2000年,农村14岁以下儿童人口数占比是19.2%,60岁以上老人占比是15.0%;2020年第七次全国人口普查结果显示,农村14岁以下儿童人口数占比基本没变,但农村60岁以上老人的占比达到23.8%,比2000年增加了8.8个百分点。

从产业形态上来看,大多数乡村仍然是农业生产者集中居住的地方,但有些乡村的主要产业已发展为工业、旅游业和其他新产业新业态,农业不再是乡村的主要产业形态。沿海发达地区的乡村工业发展水平较高。例如苏州市吴江区,由于区位条件优越,综合经济实力连续多年位居全国百强县(区)前十名,农产品加工业产值与农业总产值比值为3.08,远超全国平均水平;自然条件优越的黄山地区,围绕独特的旅游资源,成为国内甚至国际著名旅游景区。在旅游业发达的乡村,农业仅作为传统生产方式或生活方式得以保留,是乡村旅游、生态服务业不可缺少的组成部分。

▶ 第二节　乡村产业概述

一　产业的含义

产业是社会分工的产物,并随着社会分工的发展而发展。在农业社会时期,农业首先从狩猎和采集活动中分离出来,随后手工业从农业中分离出来,最后商业从农业和手工业中分离出来,社会分工的发展导致社会经济活动不断复杂化。18世纪60年代,发端于英国的第一次产业革命促使手工业向机器生产过渡,随着科学技术的进步,工业部门逐步成熟,新兴产业部门不断涌现,社会分工进一步深化。由此可以看出,产业是指具有类似生产技术、生产过程、生产工艺等特征的物质生产活动或类似经济性质的服务活动,不包括政治活动和社会活动。

产业的含义具有多层次性:首先,产业是介于宏观经济与微观经济之间的中观经济,是一系列具有某种同类属性的经济活动的统称,不是

指一个经济部门或一个经济单位。其次，随着生产力的发展，社会分工越来越细，新兴产业不断出现，产业的类型越来越多，比如随着数字经济的发展，物流业、电子商务产业发展较为迅速，并成为当前十分重要的产业类型。

（二）乡村产业的含义

乡村产业是根植于县域，以农业农村资源为依托，以农民为主体，以一、二、三产业融合发展为路径，地域特色鲜明、创新创业活跃、业态类型丰富、利益联结紧密的产业。乡村产业源于传统种养业和手工业，主要包括现代种养业、乡村特色产业、农产品加工流通业、休闲旅游业、乡村服务业等。

农产品加工业可以提升农业价值，乡村特色产业有助于拓宽产业门类，休闲农业可以拓展农业功能，所以乡村产业具有产业链延长、价值链提升、供应链健全以及农业功能充分发掘、乡村价值深度开发、乡村就业结构优化、农民增收渠道拓宽等一系列特征，是提升农业、繁荣农村、富裕农民的产业。由此可见，乡村产业的重要特征是提升了传统农业的价值。乡村产业发展方向是实现产业化，即通过专业化生产、规模化经营、现代化服务，形成系列化和品牌化的经营方式和组织形式，以实现乡村产业高质量发展，提高产业效益，助力农民增收。

（三）发展乡村产业的意义

当前，我国已经全面建成小康社会，踏上了全面建设社会主义现代化国家的新征程，发展乡村产业意义重大。

发展乡村产业是乡村全面振兴的重要根基。产业兴旺是乡村振兴的基础。只有聚集更多资源要素，发掘更多功能价值，丰富更多业态类型，形成城乡要素顺畅流动、产业优势互补、市场有效对接格局，乡村振兴的基础才会更牢固。

发展乡村产业是巩固提升全面小康成果的重要支撑。全面建成小康社会后，在迈向实现社会主义现代化的新征程中，农村仍是重点和难点。发展乡村产业，让更多的农民就地就近就业，把产业链增值收益更多地留给农民，农村全面小康社会和脱贫攻坚成果的巩固才有基础，提升才有空间。

　　发展乡村产业是推进农业农村现代化的重要引擎。农业农村现代化不仅体现在技术装备提升和组织方式创新上,更体现在构建完备的现代农业产业体系、生产体系、经营体系上。发展乡村产业,将现代工业标准理念和服务业人本理念引入农业农村现代化中来,推进农业向规模化、标准化、集约化发展,纵向延长产业链条,横向拓展产业形态,助力实现农业强、农村美、农民富。

▶ 第三节　发展的内涵

一 马克思主义发展观

　　发展观是一定时期经济社会发展的需求在人们思想观念层面的反映,是一个国家在发展进程中对为何发展、发展什么、怎么发展的系统认识。秉持怎样的发展观,是世界各国面临的共同课题。马克思主义发展观是马克思主义理论的一大核心,主要体现在马克思主义学者对发展规律、发展方向、发展目的和发展动力的各种认识中。

　　马克思主义哲学的发展观认为,世界上的任何事物都处于永不停息的运动、变化和发展之中,无论自然界、人类社会还是人的思维都是在不断地运动、变化和发展的。恩格斯指出,社会历史领域与自然界不同,自然界没有任何事情是作为预期的自觉的目的发生的,而社会历史领域的活动都有自觉的意图、预期的目的。但是这个差别"丝毫不能改变这样一个事实:历史进程是受内在的一般规律支配的"。把握发展的内涵要注重以下三个方面:

　　一是从发展的过程来看。发展不是同一事物的简单重复和反复循环,更不是倒退下降的变化,而是事物具有前进上升性质的变化,是事物由低级到高级、从简单到复杂的变化。这种变化的过程必然导致新事物最终代替旧事物。

　　二是从发展的实质来看。发展是新事物的产生和旧事物的灭亡,这里最重要的是弄清运动、变化和发展之间的关系。发展是一种运动变

化,但绝非任何变化都是发展,只有那些上升的、向前的、进步的变化趋向才是发展。

三是从运动、变化和发展的区别来看。运动是物质的根本属性和存在方式,主要反映事物变动不居的动态过程。一般的变化,是同静止相对立的。发展比运动变化要深刻,表明事物运动变化的方向和趋势。运动变化除了指人类社会的运动变化,还包括自然界和思维的运动变化。

马克思主义发展观还揭示了事物发展的根源和动力是事物内在的矛盾。人类社会发展的根源是生产力和生产关系、经济基础和上层建筑的矛盾运动,这也是人类文明发展与社会进步的根源和动力。

习近平总书记在党的十八届五中全会上强调,贯彻新发展理念是关系中国发展全局的深刻变革。新中国成立70多年来,我国坚持把发展放在重要位置。从"以经济建设为中心"到把发展作为第一要务的"三个代表"重要思想,到体现全面协调可持续基本要求的"科学发展观",再到统筹推进"五位一体"总体布局和协调推进"四个全面"战略布局下的新发展理念,中国在社会主义伟大实践探索中不断完善对发展理论的认识,推动马克思主义发展观中国化不断丰富和发展。

二 社会发展与产业发展

人类创造历史的前提是能够生活,为了生活就要生产满足生活需要的资料。社会是在物质生产的基础上延伸出来的,社会就是"生产的承担者对自然的关系以及他们互相之间的关系,他们借以进行生产的各种关系的总和"。社会发展是指构成社会的各个要素前进和上升的过程,其中产业发展就是满足人们生活需要而进行的物质生产前进与上升的过程。

社会发展意味着社会整体的变迁和进步,不仅仅是产出增加,还包括产品生产和分配制度完善、物质福利改善等。因此,社会发展内涵不仅包括物质产出的增加,还包括人们福利的提高。社会发展的核心是人,是围绕人的生产发展进行的物质生产。也可以说社会发展是人与人、人与社会、人与自然的关系以及社会的结构和功能不断趋于协调的变化过程,即能够实现人与人之间诚信、友善、互敬互爱,能够实现人在社会中有均等的发展机会、完善的社会保障制度,能够实现人与自然的和谐相处。因此,社会发展指标既包括产业发展指标,也包括人民生活水平、教育水平、人口素质、健康、社会保障等社会发展指标,以及生态环境改善等环境指标。马克思主义发展观认为:"物质生活的生产方式制约着整个社会生活、政治生活和精神生活的过程。"由此可见,作为物质生产活动的产业发展十分重要,产业发展方式会影响和制约整个社会生活、政治生活和精神生活的过程。

（三）我国乡村社会发展的基本要求

乡村社会发展是乡村社会中人与人、人与社会、人与自然的关系以及乡村社会结构和功能不断趋于协调的变化过程。乡村社会发展阶段不同,相应规划发展目标也不一样。2005年10月,中国共产党十六届五中全会提出,要按照生产发展、生活宽裕、乡风文明、村容整治、管理民主的要求建设社会主义新农村。随着新农村建设稳步推进,我国农村社会经济发生了巨大变化。2017年10月,中国共产党第十九次全国代表大会进一步提出了乡村振兴"二十字总要求",即产业兴旺、生态宜居、乡风文明、治理有效、生活富裕。两次关于农村社会发展的要求体现了不同发展阶段我国农村社会发生的变化和进步,也是乡村社会发展规划需要实现的基本目标。但无论是新农村建设还是乡村振兴,乡村产业发展都是乡村社会发展与进步的首要任务,也是实现乡村社会发展其他目标的前提与基础。

▶ 第四节　乡村产业发展规划

一　规划的含义

《辞海》对"规划"的解释是筹划、谋划,亦指较全面或长远的计划。"规划"在社会生活的各个领域均可以使用,有企业规划、人生规划、经济规划、人才规划、城市规划等,均指在相关领域出于一定目的而进行的有计划的安排。在社会经济发展领域,规划意指发展规划,即各地区根据当前经济、社会、技术、自然等状况和未来可能的发展趋势而制定的具有

综合性、长期性的规划。发展规划一般具有以下三个特征：

(1)从空间上看，是针对特定区域进行的规划。

(2)从内容上看，是对区域内外资源进行跨时期的合理配置。

(3)从目的上看，以提高资源配置效率、促进区域协调发展为目的。

规划种类较多，按照规划性质可以分为城镇体系规划、总体规划、专项规划、详细规划。总体规划按照行政区域可以分为全国总体规划、省域总体规划、市域总体规划、县域总体规划和乡镇总体规划，各级总体规划在上一级总体规划的指导下编制。乡镇总体规划是最低一级的行政区域总体规划。

二 乡村产业发展规划

乡村产业发展规划是乡村发展规划的重要组成部分。乡村发展规划是指在农村区域范围内，根据当前经济、社会、技术、自然等状况和未来可能的发展趋势而制定的具有综合性、长期性的统筹安排。具体包括发展战略、产业活动和居民点、基础设施等规划。其中乡村产业发展规划是针对农村区域的产业发展条件和发展现状，为了实现农村社会经济协调发展，对农村一、二、三产业发展进行时间和空间上的安排。

三 编制乡村产业发展规划的意义

根据马克思主义发展观，任何事物都是在不断发展变化中，乡村产业也不例外。当前，我国农村社会发展存在诸多问题，如人口流失、乡村产业发展缺乏市场与活力等，导致推动乡村振兴、实现共同富裕的道路障碍重重。但社会发展不同于自然界，因为"社会历史领域的活动都有自觉的意图、预期的目的"，"历史进程是受内在的一般规律支配的"。在社会发展领域，人类有能力引领自身发展，乡村产业发展规划就是这种能力的体现。

乡村产业发展规划是对市场经济配置资源的补充。从我国1982年提出"计划经济为主，市场调节为辅"到1993年制定建立社会主义市场经济体制的总体规划、2013年深化社会主义市场经济体制改革，再到如今加快完善社会主义市场经济体制，市场在促进我国经济发展、优化资源配置中的作用十分显著。但是为了更好地实现社会发展目标和宏观层

面的资源配置,政府制定规划以影响经济决策也至关重要。中华人民共和国成立后到改革开放初期,我国一直采取计划发展经济的模式,从1949年至2000年,经历了三年经济恢复期、三年调整期和十个"五年计划",直到2005年中共中央十六届五中全会通过了《中共中央关于制定国民经济和社会发展第十一个五年规划的建议》,才将"规划"纳为社会经济管理的重要手段。当前,我国正处于第十四个五年规划时期,是我国全面建成小康社会、实现第一个百年奋斗目标之后,乘势而上开启全面建设社会主义现代化国家新征程、向第二个百年奋斗目标进军的第一个五年,规划指导社会经济建设的意义更加重大。

【知识链接】不是经济社会发展的所有领域都需要编制规划

2014年,国家发改委启动"十三五"规划编制工作之后,福建省和上海市发改委相继指出不再编制竞争性行业的专项规划,也不再编制规划目标不明确的专项规划,并改变以往专项规划落后于总体规划的状况,即今后政府编制规划要按照"符合政府履行公共职责,需要政府扶持、调控和引导的领域可编制专项规划"的原则要求,着重在经济转型升级、空间布局、城市功能、城镇化建设、基础设施、对外开放、社会发展、资源环境、体制改革、公共服务、民生改善等事关发展全局且存在市场失灵的方面,组织编制专项规划,明确战略意图、重点任务、重大布局和主要政策。

第二章　乡村产业发展规划编制

第一节　乡村产业发展规划编制程序

一　规划编制准备工作

1.组织规划编制

2018年，国务院进行机构改革，原农业部改组为农业农村部，主要职能包括：统筹研究和组织实施"三农"工作的发展战略、中长期规划、重大政策；统筹推动发展农村社会事业、农村公共服务业、农村文化、农村基础设施和乡村治理；指导乡村特色产业、农产品加工业、休闲农业和乡镇企业发展工作等农村各项事业。由此可见，乡村产业发展规划的组织编制工作由各级农业农村管理部门负责。

2.发布规划编制采购公告

根据《中华人民共和国城乡规划法》第二十四条，从事城乡规划编制工作应当具备相应的条件，并经国务院城乡规划主管部门或者省、自治区、直辖市人民政府城乡规划主管部门依法审查合格，取得相应等级的资质证书后，方可在资质等级许可的范围内从事城乡规划编制工作。

因此，组织规划编制的单位根据规划编制要求，发布规划编制的采购公告，在公告中说明项目名称、项目来源单位、项目预算、具体要求以及对编制单位的资质要求等。规划编制属于政府采购服务项目，一般采用招投标方式进行。具有规划编制资质的机构在看到采购公告后应答，通过投标或其他方式获得规划编制项目。

3.组建规划方案编制工作组

工作组由规划单位和编制单位的人员组成,并根据规划编制内容涉及的专业方向,选择相关专家组建规划方案编制工作组。在规划单位和编制单位确定相应的项目联系人,负责规划编制资料的收集、传达以及规划实地调研的安排及相关事项。

4.签订规划编制合同

由双方项目联系人通过协商和沟通确定规划编制服务合同的相关内容,主要有项目名称、项目完成期限、项目内容以及项目完成的质量和双方在规划编制期间的主要工作及相关保密义务,双方签字盖章后即完成合同订立,进入规划编制环节。

二 规划编制工作内容

1.收集规划编制资料

规划编制需要的资料包括文字资料和图件资料。文字资料包括国家各部委的政策和指导性文件、地区社会经济发展现状、地区资源特点和产业发展现状、重点产业区内外发展现状和趋势、有关的规范和标准;图件资料包括规划区域的现状图和规划图,具体指规划区的行政区划图、土地利用现状图或者土地管理部门提供的"二调图"、土地利用规划图。

以上由政府或相关部门提供的文字资料和图件资料都是"二手"资料,如果想充分了解规划区的基本情况,还需要通过实地调研获得一手资料。实地调研一定要在对规划区有一个大概了解的基础上进行,并手持规划区域的行政区划图,通过调研了解产业布局、重点建设项目布局和典型企业布局。通过一手资料和二手资料的结合,做到点面结合,重点和全域结合,以利于厘清规划思路。

2.背景资料整理和分析

由于收集的背景资料多来自各个部门提供的零星材料,以及分散调研的结果,这些资料不能直接用于规划,需要对收集的资料按照规划大纲编写并进行分类整理,找出有价值的资料,对规划区域发展现状和发展趋势进行统计分析和理论分析,以了解规划背景和规划区域发展前景。统计分析包括利用计算机进行定量分析,如回归分析、趋势预测等;

理论分析常用的方法有因果分析、比较分析、系统分析、定性分析、定量分析等。在对相关数据进行定量分析时，既可以采取纵向对比分析的方法，进行规划区域历史数据对比，找出优势和劣势，也可以进行横向对比，即将规划区域和同级其他区域，或者和上一级大区进行比较分析，找出相应的优势和劣势。

3.规划方案设计

规划方案由规划文本、规划图件和规划研究资料构成，其中规划文本就是规划报告或规划说明书。规划报告包括总体规划方案和专项规划方案（或者功能区规划方案）。规划图件是规划成果的直观表达，十分重要。因编制规划而收集整理的图表和文字研究资料，可以作为附录附在规划方案文本之后。

4.听取意见

《中华人民共和国城乡规划法》第二十六条规定：城乡规划报送审批前，组织编制机关应当依法将城乡规划草案予以公告，并采取论证会、听证会或者其他方式征求专家和公众的意见；公告时间不得少于三十日；组织编制机关应当充分考虑专家和公众的意见，并在报送审批的材料中附具意见采纳情况及理由。据此，乡村产业发展规划编制完成后，可以通过会议形式听取部门和专家意见，经逐步完善后通过公告形式听取公众意见，最后对三方意见进行汇总，确定是否采纳以及给出相应的理由。

（三）规划方案的评审、报批和实施

乡村产业发展规划编制完成后，形成初稿，由双方项目联系人确定具体时间、地点，邀请各方专家组成专家评审小组对规划方案进行评审。评审专家可以是地方政府负责人、业务主管部门负责人以及规划涉及的各方面专家。专家评审小组在听取编制单位的汇报后，提出相应建议和意见，经逐步完善后，通过公告形式听取公众意见，并给出最终评审意见。评审意见具体包括规划是否符合实际，是否具有可操作性，是否通过评审。

通过评审的规划方案，还要报相关部门批准。农业农村部隶属国务院，因此以农业农村行政管理机构牵头编制的乡村产业发展规划需要经过同级人民政府审批。

农业农村部不但负责研究"三农"工作的发展战略及中长期规划,而且负责组织实施规划,因此经过同级人民政府审批的乡村产业发展规划、具体建设项目和重点建设工程将由农业农村管理部门协调相关机构和具体企事业单位逐期逐步落实。在规划方案实施阶段,主管部门仍需要设专门机构负责规划的落实、规划可行性和实施成效的反馈,并根据新情况和新问题对原规划进行必要的调整和补充。涉及重大建设项目变更时仍需要根据原规划审批程序对规划方案进行调整,以确保规划的严肃性。

▶ 第二节　乡村产业发展规划原则

乡村产业发展规划是根据社会经济发展规律和地区发展现状对一定时期内农村地区一、二、三产业进行的统筹安排,是人类自觉引领自身发展的体现。不同的发展阶段,社会经济发展的重点不同,当前我国经济发展进入新常态,乡村产业发展规划应当遵循新发展理念,即创新、协调、绿色、开放、共享。

一　创新发展的原则

我国经济发展进入新常态的一个突出特点,就是发展动力从主要依靠资源和低成本劳动力等要素投入转向创新驱动。习近平总书记指出:把创新摆在第一位,是因为创新是引领发展的第一动力。发展动力决定发展速度、效能、可持续性。创新是解决我国发展存在突出问题的关键。经过长期努力,我国经济有了很大的发展,2022年城镇居民人均可支配收入为49 283元,但农村居民人均可支配收入仅有20 133元,前者约为后者的2.45倍。相较于城镇经济发展,农村地区经济增长乏力,这就需要积极推动农村地区的制度创新、文化创新、产业创新、产品创新、业态创新,通过制度创新引领要素向农村地区集中,促进农村新产业新业态发展,加快形成以创新为主要引领和支撑的经济体系与发展模式。

二 协调发展的原则

协调发展理念是马克思主义唯物辩证法的科学运用。马克思主义唯物辩证法认为:世界是普遍联系的,也是永恒发展的,要用联系的、发展的、全面的观点看待世界万物。随着社会经济和科技迅速发展,新的生产方式和生活方式总是出现在发达地区或发达中心城市,然后向农村地区扩散,因此不平衡、不充分发展仍是常态,协调城乡发展是重点。中国特色社会主义是全面发展的社会主义,要在坚持以经济建设为中心的同时,全面推进经济建设、政治建设、文化建设、社会建设、生态文明建设,促进现代化建设各个环节、各个方面协调发展。因此,实现农村社会经济协调发展就要协调产业发展与生态环境的关系,协调现代信息技术与传统产业的关系、现代文明与传统农村文化的关系,最终实现经济、政治、文化、社会、生态文明建设的全面推进。

三 绿色发展的原则

大自然是人类生存和发展的基础,人与自然是和谐共生的关系,保护自然环境就是保护人类生存空间。但是,很长一段时间以来,尤其是近代工业化之后,人们坚信"人定胜天",不断向大自然索取,导致资源枯竭、水土流失、环境污染、气候异常等环境问题。中国在经济发展过程中也历经了经济高速增长合并环境恶化的情况。2005年8月,习近平在浙江任省委书记时,在《浙江日报》"之江新语"栏目上发表《绿水青山也是金山银山》的评论指出:如果能够把这些生态环境优势转化为生态农业、生态工业、生态旅游等生态经济的优势,那么绿水青山也就变成了金山银山。党的十八大以来,以习近平同志为核心的党中央,更加高度重视社会主义生态文明建设,坚持节约资源和保护环境的基本国策,正确处理经济发展同生态环境保护的关系,大力发展生态农业、绿色农业、循环农业,开展"一控两减三基本"的农村污染治理活动以及以"三大革命"和"三大行动"为抓手的农村人居环境整治,使农村生态环境和人居环境得到明显改善。因此,绿色发展依然是今后我国农村地区社会经济发展必须遵循的主要原则。

（四）开放发展的原则

开放带来进步，封闭必然落后。任何区域都是开放的系统，农业是创造价值的产业，随着工业化之后中心城市的兴起，农村地区积聚的财富很容易流入中心城市，导致农村地区依靠自身资源很难实现经济增长。乡村发展规划要秉持开放理念，首先将规划区域置于更大的环境中进行现状分析，分析农村区域与周围地区、中心城市的关系，甚至国内国际环境对农村区域社会发展的影响，即存在的机遇和挑战；其次规划措施和政策也要从一个开放的系统入手，编制乡村产业发展规划之前要参考城镇体系规划、所在区域社会经济发展规划或城市总体规划，了解上一级行政区域规划期内的产业发展目标和主要建设项目，保证区域发展目标的一致性。

（五）共享发展的原则

经过长期努力，我国经济有了长足发展，人民生活水平相应地有了很大提高，并全面建成小康社会，但还存在着比较突出的分配不公问题，以及收入差距、城乡区域公共服务水平差距较大等问题。党的十九大指出我国发展中存在的问题有"城乡区域发展和收入分配差距依然较大"，党的十九届五中全会也指出我国"城乡区域发展和收入分配差距较大"。这说明，在共享改革发展成果上，无论是实际情况还是制度设计，都还有不完善的地方。习近平总书记明确指出，要坚持"以人民为中心的发展思想"，把增进人民福祉、促进人的全面发展、朝着共同富裕方向稳步前进作为经济发展的出发点和落脚点。因此，共享发展的原则也可以说是"以人民为中心"的发展原则。

▶ 第三节　乡村产业发展规划内容

乡村产业发展规划的内容一般涉及总体规划、专项规划、分区规划三个方面。

一 总体规划

总体规划方案一般包括七大要素。

1.透彻的环境分析

这是编制规划的前提。通过资料收集和实地调研,了解规划区的自然条件、社会经济条件以及国内外环境,判断规划区产业发展在上一级区域中的地位和作用、所处的发展阶段、存在的问题和挑战等。

2.前瞻性的规划指导思想

一般来说,规划指导思想主要包括以下四个方面的内容:

(1)理论依据。在我国,编制规划依据的理论除了马克思辩证唯物主义思想观点和方法,在新的历史条件下还包括马克思主义中国化理论成果,即习近平新时代中国特色社会主义思想。这是我们能够科学客观编制规划的理论基础,也是体现规划理念先进性的理论源泉。

(2)对规划主体和环境比较深入的了解。对规划区产业发展基本情况的了解是编制规划的基础,也是规划的起点。规划相当于在当前和未来之间画一条直线,通过规划,自觉引领地区发展,实现规划目标,如果不知道起点在哪里,编制规划将无从下手。

(3)对规划主体的实践经验总结。对规划主体的认识,不仅包括对规划主体当前状况的了解,还包括对规划主体历史的认识,只有善于总结规划主体在历史发展中取得的成绩和存在的问题,才能提出适合的规划方案。

(4)对未来发展趋势的科学预测和判断。规划是人为干预社会经济发展进程的行为,编制规划是希望更快更好地实现产业发展目标,但社会发展有其自身规律。恩格斯曾指出:社会历史领域的活动虽然有自觉的意图、预期的目的,但是丝毫不能改变这样一个事实,即历史进程是受内在的一般规律支配的。因此,对未来发展趋势的科学预测和判断,是实现规划目标的保障。

3.先进的规划理念

这是规划编制的灵魂。产业发展原则要视社会发展阶段、发展条件以及相应经济发展理念而定。在区域经济发展早期,产业发展原则更多侧重于对资源的利用和对产业的开发。到了区域发展的中后期,随着经济总量的增加和物质产品的丰富,产业发展原则更多侧重于区域协调发展、资源保护和生态维护。比如我国在"十三五"时期,提出了新发展理念:创新、协调、绿色、开放、共享。相应的乡村产业发展原则包括立农为农的共享原则、绿色发展原则和融合发展原则等。党的十九大之后,我国社会经济发展的原则新增了底线思维、系统性原则,这给乡村产业发展带来了新的启示。

4.可行的规划目标

这是规划的核心,是编制规划、落实规划最后要收到的成效。一般分为定性目标和定量目标。定性目标指规划区经过未来5~10年或20年发展后,规划区产业发展达到的发展水平,对地区经济发展的贡献。定量目标是对定性目标的量化,为更好地体现规划建设成效,一般定量目标需要分类设置指标,并作为地方政府规划落实情况的考核依据。由于不同地区农业农村差异较大,各地区的规划目标指标差异也较大。比如对于传统农业区,第一产业规划目标包含大宗农作物的产量、机械化程度、绿色农业指标等;对于城郊地区,由于设施农业较多,第一产业规划目标除了绿色农业指标,还包括蔬菜瓜果的播种面积和产量、设施农业装备的规模等。

5.明确的建设任务

这是实现规划的抓手。有了规划目标,就有了前进的方向,但实现目标,依靠的是规划区在规划期内安排的具体建设任务。这些建设任务是围绕目标而设置的,主要是针对现状与目标之间的差距,取长补短而规划的建设任务。如果规划周期较长,可以将规划建设任务分为近期和远期,还可以把战略性任务分解为战役任务和战斗任务,即将建设任务分成建设工程和工程子项目,并尽可能落实具体建设单位。

6.清晰的空间安排

这是地区经济活动在空间上的布局,也是规划科学合理的必然要求。任何一项经济活动都是建立在一定空间上的,无论第一还是第二、第三产业,随着规划建设项目的落实、产业结构的调整,各项经济活动的空间布局必然发展变化。因此,根据规划目标要求,在规划方案中对各项建设项目和任务进行相应的空间布局,可以清晰、直观地表达规划期满以后规划区发展成果和实现的目标。一般通过空间结构图、功能分区

图、产业分布图或专项规划布局图等图件来展现。

7.有效的保障措施

这是实现规划目标的后盾。规划编制完成之后,并不是"纸上画画、墙上挂挂",束之高阁,编制规划后的实施过程更加重要。规划是各方达成共识的发展目标和行动指南,相关单位都需要将编制规划纳入工作范畴,但各方往往重编制轻落实,主要原因是规划保障措施没有责任到位。规划落实的保障首先是组织的保障,即有相应的管理机构去落实各项规划建设任务。其次是各种要素的保障,这需要相关制度保障。发展规划就是各种要素的重新配置和投入,包括资金、技术、人才和土地等要素,在设计建设项目时就需要考虑能否保障这些要素,如果不能,就要考虑如何通过调整制度实现要素投入的保障。再次是监督机制的建立,建设项目及建设任务的完成情况,需要根据建设目标对相关建设单位进行考核,通过考核来督促建设任务如期完成。

二 专项规划

对乡村产业发展提出总体规划方案之后,还可以根据产业发展重点进一步编制主导产业、农产品加工业、乡村旅游业、农村物流产业、农村电子商务、农业基础设施、生态环保、防灾等专项规划。附在总体规划方案后的各专项规划,内容相对较为简单,包括指导思想、规划目标、具体建设项目、名称和布局。

也可以独立编制专项规划,各专项规划仍然遵循总体规划方案的相应编制程序,但内容更为具体清晰,可操作性更强。独立的专项规划包括规划文本、规划说明书和规划图件。专项规划文本的内容有总则、规划指导思想或规划原则、规划目标、规划的空间布局、规划期内近远期建设重点,其中总则部分包括规划范围、规划期、规划依据。规划说明书主要是对规划方案的进一步解释,包括查阅的资料、数据,以及分析说明等。专项规划图件的种类和总体规划图件较类似。完整的规划图件一般包括以下六种:

(1)规划区的区位分析图。区位分析图要通过图形、色块、字符等处理,清晰标注规划区的经济地理位置以及对外联系的通达性、便捷度。

(2)规划范围图。通过规划范围图可以清晰表达规划区域,尤其是市县一级乡村发展规划,可以通过规划范围图表达除建成区以外的广大农村地区这一规划范围。

(3)规划区的土地利用现状图。需要标注城市、县城、工矿区、乡村、集镇、农林牧副渔用地、风景区用地位置和范围。

(4)规划方案图。一般指总体布局图、空间结构图,是规划区域的总体空间安排,主要表达乡村产业发展重点区域以及相互之间的关系。常见的空间安排如"一心两轴三区",即一个核心、两条发展轴线、三个功能分区。一般区域中心和轴线同步发展的区域往往处于区域发展的中期。

(5)功能分区图。可以是农业发展功能分区,也可以是综合性功能分区,比如旅游发展区、商贸物流区、产业集聚区等。

(6)专项规划图。包括产业规划图和基础设施规划图,比如粮食产业布局图、茶产业布局图、畜牧业布局图、农村交通规划图、水利设施规划图等。

三 分区规划

如果已经编制了专项规划,可以不再编制分区规划。但是在编制总体规划方案后,如果功能分区所涉更加详细的建设项目没有提及,则可以进一步编制分区规划,尤其是核心区规划方案,作为总体规划的补充。分区规划方案内容包括分区自然社会经济条件、规划目标、功能定位、具体措施,以及分区内专项规划和生态环境规划内容。

【知识链接】《全国乡村产业发展规划(2020—2025年)》指导思想分析

以习近平新时代中国特色社会主义思想为指导,全面贯彻党的十九大和十九届二中、三中、四中全会精神(理论依据),坚持农业农村优先发展("坚持"是在对我国国情和历史发展正确认识的基础上提出的),以实施乡村振兴战略为总抓手,以一、二、三产业融合发展为路径("抓手"和"路径"是基于我国未来发展方向的认识而提出的),发掘乡村功能价值,强化创新引领,突出集群成链,延长产业链,提升价值链,培育发展新动能,聚焦重点产业,聚集资源要素,大力发展乡村产业,为农业农村现代化和乡村全面振兴奠定坚实基础(目标是针对我国未来发展趋势的判断提出的)。

第三章	乡村产业发展规划编制方法

▶ 第一节 规划资料的收集与分析

一 规划资料的收集和整理

(一)规划资料的收集方法

1.现场调查

编制规划之前一定要进行现场调查。由于规划区域面积广大,现场调查以规划区域的代表性产业和地区为主。现场调查之前要和规划所在地区进行沟通和接洽,并根据沟通结果确定典型地区调研计划书。当地村民和村干部对地方情况最为熟悉,所以现场调查对象是村民和村干部。进行现场调查时,既要了解农业经营状况和农村发展情况,又要了解一线生产者和村民对未来发展的期望,还要了解基层管理部门对当前农业农村发展的具体看法,以此获得翔实的一手资料。通过现场调查,对乡村产业发展现状、发展特点和存在问题有一个直观的认识和了解。现场调查真实、典型、直观,但不太全面,因此需要辅助其他手段来获得更多的信息。

2.统计年鉴

统计年鉴是官方发布的统计资料,是按照法定的统计程序获得的规划区域内所有社会经济统计信息。其优点是权威、全面、信息量大。但编制规划需要的一些信息不一定在统计范畴内,而且统计年鉴的编制具有一定的滞后性,如果需要当前数据,就要查阅统计公报。

3. 统计公报

相较于统计年鉴,统计公报一般在年初就对外公布。因此,要获得规划区域最新的宏观统计数据,可以查阅当年地区社会经济统计公报。统计公报发布比较及时,而且每年都有,有些数据可以直接用来进行统计分析。

4. 相关单位提供

在进行现场调查时,可以要求相关单位提供相应的资料。农业农村规划涉及的产业部门众多。农业、林业、畜牧、乡村旅游、乡村振兴、发展规划等农业农村部门在日常管理过程中形成的年度总结、建设计划和建设项目等资料,对于了解地区各部门各产业发展现状和未来发展目标有更清楚的认识。因此,这也是规划调研时必须收集的资料。这些部门提供的资料虽然翔实,但往往不利于汇总分析。

5. 政府工作报告

政府工作报告是各级政府在每年召开的当地人民代表大会会议和政治协商会议(简称"两会")上向大会主席团、与会人大代表和政协委员发布的报告,汇报政府取得的成绩和基本经济指标完成情况。政府工作报告一般内容全面、客观、翔实,重点突出,而且文风朴实,符合规划编制对文字的要求,是规划参考的重点资料。但政府工作报告涉及的农业农村信息通常有限,仍需要结合其他资料进行汇总分析。

6. 文献和网络

通过期刊和网络既可以了解有关专家和学者对规划区域产业发展中存在问题的研究成果,也可以了解其他地区相关产业发展情况、发展方向以及开发模式,能为乡村产业发展规划提供指导思想、发展方向等方面的借鉴。

(二)资料的整理

资料的整理包括文字资料的整理和数据的整理。一般收集到的资料多来自各个渠道,相关信息有差异,有些数据也可能不完整,不是全部有用,需要对收集的资料进行抽丝剥茧、去伪存真,必要时需要向相关管理机关核实或者补充新的资料。整理后的资料应该体系完整地反映地区自然、社会经济发展历史和产业发展现状,并且数据完整可靠。为了更清晰直观地表现数据之间的关系,最好将各类社会经济发展数据制作

成图表形式,有些图表可以通过数据分析软件直接呈现。

二 数据分析方法

有了较为完整的社会经济发展数据,就可以通过数据分析方法进一步了解规划区域过去一定时期的发展轨迹,以此判断规划区域产业发展所处阶段,并预判未来的发展方向和发展规模,这为编制规划方案提供了有力的数据支撑。

根据整理的数据,还可以进行纵向和横向的对比分析。纵向对比需要有较完整的规划区域历史数据,而横向对比分析不但要有规划区域社会经济发展数据,还要收集同级其他区域、上一级行政区域,甚至省级或全国的社会经济发展数据。数据分析常用的软件有 Excel、Spss、Stata。通过这些分析软件,可以对规划区域进行人口规模预测、发展趋势分析、发展主要影响因素分析,这些分析结果都是进行规划设计的依据。

三 资料分析方法

1.系统分析方法

系统分析方法来源于系统科学,是从系统的角度去考察和研究整个客观世界,属于一种科学认识方法,即把一个复杂的对象看成系统工程,通过系统目标分析、系统要素分析(内部)、系统环境分析(外部)、系统资源分析、结构分析、功能分析和系统管理分析,准确地诊断问题,深刻地揭示问题起因,有效地提出解决方案。系统分析的程序包括以下三个方面:

(1)确定系统问题和目标。根据系统的整体性,一个完整的系统有清晰的边界和特定的功能。编制规划首先要明确规划区域范围,明确规划区域范围内的乡村是一个完整的系统,并具备自己的特定功能。规划编制内容就是乡村产业发展趋利避害、扬长避短的过程,一定要知道乡村产业发展存在的短板和制约因素。规划需要实现的目标也是乡村产业未来的功能定位。因此,认识系统存在的问题和确定规划目标是编制规划首先需要做的事情。

(2)展开调查研究。认识系统从调查研究开始,通过资料收集和现场走访,深入了解系统内外发展条件和特点。早期对乡村问题的认识主要基于资料的整理分析和地方管理人员的初步判断,但是这些认识不一定客观全面,因此需要编制团队深入现场,把规划区域看成系统,分层级、分要素着手进行调查,获得大量一手资料,以了解系统外部发展环境和内部组成部分的真实情况。

(3)进行系统分析,建立系统模型。系统分析就是在充分调查的基础上,进行系统环境分析、系统资源分析、系统结构分析和系统功能分析。

乡村产业发展规划一般是针对特定的农村区域。农村区域是一个开放的系统,和周围环境之间存在相互作用的关系。因此,了解农村区域和周围环境进行的物质和要素的交换关系对了解乡村系统发展走向、发展制约因素至关重要。

乡村资源是农村社会经济发展的基础,也是乡村社会的重要组成部分。乡村资源包括规划区域范围内的土地资源、水资源、生物资源等自然资源,以及劳动力、资金、技术等社会经济资源。认识乡村资源的存量状况、流动和变动状况,对于实现产业发展规划目标至关重要。

系统结构分析是对乡村系统的构成要素或子系统之间相互关系、耦合机制进行分析。系统结构分析往往需要借助一定的社会经济学相关理论,结合理论提供的分析思路,厘清系统内部结构关系、相互作用机制,为下一步建立系统模型、提出系统优化策略奠定基础。

系统功能分析是在系统结构分析的基础上确定内外部环境和内部各子系统共同构成特定功能的过程。系统功能不是各组成部分功能的简单叠加,也不是一定功能的叠加。系统受各组成部分相互作用和耦合机制的影响,往往表现出其特有的功能。在系统结构和作用机制不变的情况下,随着系统要素内外环境的变化,系统特有功能也可能发生变化。

【知识链接】以系统的观点认识乡村

首先,认识到乡村是一个系统,而且由次一级系统构成,进行乡村系统的构成要素分析、资源分析。对乡村进行系统分析,可以从多个角度进行。既可以从乡村要素构成的角度分析,也可以从乡村系统的层次性入手分析。从乡村功能结构的角度看,乡村系统由乡

村中的自然系统、人工系统等子系统构成,每一个子系统内都存在多个更次一级的系统。乡村是一个物理空间,从物理空间结构来看,乡村由农业生产系统、农民生活系统以及环境生态系统等子系统构成。

其次,认识到乡村系统各组成部分之间存在相关性和有序性,对乡村系统进行结构分析、功能分析。很明显,无论从功能结构还是从物理空间结构来看,乡村系统各次一级系统之间都是相互联系、相互依赖、相互成就的。

再次,对乡村系统进行环境分析、要素流动分析。乡村系统是一个开放的、动态的系统,乡村系统内部和外部之间始终存在着物质、能量和要素的连续流动,这也是乡村系统具有生命力的体现。在区域发展的不同阶段,这些要素流动的方向和力量有所差异。早期,随着中心城镇的兴起,广大农村地区的资源要素主要流向中心城镇;到了后期,随着中心城镇的进一步发展壮大以及对周围地区辐射带动作用的增强,更多的资源要素开始流向农村区域。但自始至终,农村区域和中心城镇之间的要素都是双向流动的,正是这种双向流动,推动了区域空间结构的形成,进而促进区域经济从低水平均质最终发展为高水平均质。

2.SWOT分析方法

SWOT分析法也称"道斯矩阵""态势分析法",是由美国旧金山大学的管理学教授韦里克在20世纪80年代初提出的一种战略分析方法,经常被企业用于分析竞争对手、制定发展战略等。其目的在于识别企业所处的优势和劣势以及商业环境中应对挑战或利用机遇的相关程度及企业应对这些问题能力的大小,也可以用于区域战略规划的分析中。SWOT分析包括对规划区域的优势(strengths)、劣势(weaknesses)、机会(opportunities)和威胁(threats)的分析。其中优势和劣势是区域内部社会经济发展条件的正反两面,机会和威胁是区域社会经济发展中面临的外部环境的正反两面。经过SWOT分析之后,可以构造SWOT策略矩阵(表3-1)作为区域规划社会经济发展策略的依据。SO策略:发挥优势,利用机会。WO策略:利用机会,弥补短板。ST策略:避免威胁,发挥优势。WT策略:克服劣势,避免威胁。

表3-1 某县现代农业发展条件和环境分析及策略矩阵（SWOT分析方法）

SWOT分析		外部环境	
		机遇(O)：政策机遇,产业转移,农业发展转型升级	挑战(T)：资源与环境保护压力加大,竞争激烈
内部条件	优势(S)：生态环境良好,可快速进入"三大市场",土地、水、劳动力资源丰富	SO组合：利用资源优势发展绿色农业,延长产业链,发展农产品加工业和乡村旅游业	ST组合：在保护环境的前提下发展绿色农业、农产品加工业和乡村旅游业
	劣势(W)：农业基础薄弱,城乡生产要素流通不畅,三产发展互动不强	WO组合：加强农业基础设施建设,建立城乡统一要素市场,以产业专业化和农业升级为契机促进二、三产业发展	WT组合：依托地区优势特色资源发展差异化产业

第二节　规划编制的方法与技术

一　构建系统模型

在对规划区域进行系统分析的基础上,可进一步建立系统模型,提供系统运行的解决方案,进而构建规划方案的框架。

1.建立系统模型

系统模型是根据对系统结构和功能的认识,通过模拟客观世界真实状态而更好地认识系统。模拟客观真实世界的"同态"系统方式有很多。可以是物理模型,比如沙盘;也可以是概念模型,比如用语言符号来反映系统的结构、功能关系的模型;图式模型可以简单明了地表明真实系统的关系,比如土地利用现状图、区位分析图。如果能够获得足够多的系统要素数据,利用各种函数关系建立数学模型,能更精准地把握系统运行规律。随着计算机技术的快速发展,计算机仿真模型更加直观真实。

建立系统模型有助于更加直观清楚地认识系统内外部组成和相互关系,以此针对系统问题提供解决对策,有些系统模型还可以通过改变参数得到最优解,这为解决系统问题和实现系统规划目标奠定了基础。

2.优化与细化方案

确定备选方案之后还需要细化方案,对可能遇到的困难和不确定因素进行思考,并对规划方案的目标体系、实施措施和手段、资源保障程度、相关机构和人员的要求进行考虑,使规划具有可操作性。

3.评估和完善方案

乡村产业发展规划的备选方案完成之后,还要从方案实施后对社会、经济和生态产生的影响三个方面设定评估标准,建立相应的评估指标体系和相应的评估模型,并以此评估备选方案的有效性,最后根据评估结果选择最佳备选方案。值得注意的是,并非有效性最高的备选方案是最优方案,还要考虑规划方案执行者对方案的认可情况,即还需要经过民主评议,充分吸收方案执行者和受益者的意见,完善最优方案。

4.构建规划方案的框架

方案基本确定之后,根据规划编制的规范,编写规划方案框架,并编制相关报告和图表。规划方案文本内容包括规划区域、规划期限、规划依据、规划指导思想、规划原则、规划目标、空间结构、建设项目和保障措施。规划图表用于直观清晰表达规划内容和建设项目,也是规划文本必不可少的部分。

二 综合平衡法

(一)综合平衡法的含义

平衡广泛地存在于事物运动之中,也是社会经济领域追求的理想状态,但平衡是暂时的、相对的,不平衡是经常的、绝对的。综合平衡法是以社会经济现象数量上的平衡关系为基础,建立适合的数学模型,通过计算、分析,研究现象间或现象各因素间的数量关系及其比例关系的一种统计分析方法。国民经济是经济、社会与技术共同作用所构成的有机整体,要保持国民经济高速度、按比例地协调发展,综合平衡是关键。

(二)综合平衡法在规划中的作用

规划的目标是实现社会经济各部门资源的最佳配置,实现生产与消费、投入与产出、收入与支出、供给与需求等之间的平衡。综合平衡法主要从国民经济现象之间的数量关系入手,把总体视为一个系统,从整体相互联系出发,以总量一定为基本平衡关系去研究数量关系及比例。建立一系列既有独立经济技术含义又有相互联系的指标,系统地描述现象及其要素间的数量关系,以指标数值明确的组合对等关系来进行综合平衡分析。对国民经济进行综合平衡后,分析、研究主要比例关系,找出失衡原因并进行宏观调控,使速度合理、比例协调、效益最佳,即全社会的资源配置最合理,实现国民经济新的平衡。

(三)综合平衡法的分类

综合平衡法应用很广,就社会经济领域而论,大到整个国民经济综合平衡,小到某一微观经济活动的总量、要素的平衡。按照平衡所包含的内容可分为单项平衡、综合平衡和联系平衡三种基本类型。单项平衡是对某一经济活动进行专门平衡研究;综合平衡是在单项平衡的基础上,对包含多种经济活动的整体进行系统的平衡研究;联系平衡是研究各种经济活动之间、各部门、各地区之间的平衡状况。

在国民经济这个有机整体中,农业及其他各部门之间存在着互相联系、互相制约的关系,各种社会产品的生产、流通、分配、交换、消费等环节以及人力、物力、财力资源与需求之间,也存在着互相衔接、相互适应的比例关系,即平衡关系。因此,要自觉地保持农业与整个国民经济各部门之间,社会再生产各个环节之间,人力、物力、财力资源与需求之间的平衡。这种平衡就是农业与国民经济全局的、总体的平衡,就是社会再生产总过程的平衡,也就是综合平衡。

(四)综合平衡表

综合平衡法在具体应用时以综合平衡表为工具。综合平衡表就是综合经济再生产过程中各个方面及其相互联系的一系列指标,通过指标数值之间的内在关系反映经济各部门或各环节之间平衡关系的表格。通过编制各种经济平衡表,可以对人力、物力、财力资源与需求以及社会生产和社会需要情况,进行计划核算、协调和平衡,以确定或论证规划的基本指标和基本比例关系。经济平衡表是一个体系,按其内容可分为实物平衡表、价值(或资金)平衡表和劳动平衡表;按其范围可分为单项平衡表和综合平衡表;按其编制时间可分为计划(事前)平衡表和统计(事后)平衡表。随着社会主义市场经济的发展,要素市场空间不断扩大,单一农村市场无法达到要素的综合平衡,因此较少编制各要素平衡表。规划是对未来经济发展的安排,也是对市场配置资源的校正和补充,在乡

村发展规划中,主要编制具有计划属性的平衡表,以实现宏观经济的平衡发展。

1.产业结构平衡表

产业结构演变具有一定的规律性,随着经济发展,第一产业比重下降,第二和第三产业比重上升,但三次产业比例之和是固定的。各产业内部各部门的比例关系也会随着产业结构调整发生改变,这些改变反映在部门比例上也会保持相对的结构均衡,能够反映经济结构的调整和优化。因此,在制定规划区域未来发展目标时,随着各产业、各部门的产值和产量的增长,三次产业比例以及各产业内部比例是否均衡是衡量规划方案、规划措施是否科学的重要参考。

2.资金平衡表

虽然资金具有很强的流动性,但在农村和城市各地区之间很难准确实现资金平衡。对于乡村发展规划中涉及的重大建设项目,年度内资金使用要保持平衡,需要对建设项目使用资金进行估算,以此确保和区域发展资金相平衡(表3-2)。

表3-2 某地乡村发展规划重点建设项目投资估算表(部分项目)

序号	重点建设项目名称	建设时序	投资估算/万元
1	精准设施蔬菜基地建设项目	近期、远期	2 400
2	四季时蔬种植基地建设项目	近期	1 400
3	有机蔬菜基地建设项目	近期、远期	750
4	蔬菜集约化育苗基地建设项目	远期	1 000
5	特色瓜果基地建设项目	近期、远期	3 250
6	国家园艺作物标准园建设项目	远期	1 500
7	"绿水"资源维护与滨水生态景观建设项目	近期	10 000
8	绿色生态景观廊道建设项目	近期	8 000
9	名优特经果标准园建设项目	近期	100
10	精品苗木标准化基地建设项目	近期	5 000
11	景观竹园基地建设项目	近期	600
12	国外名优花木示范基地建设项目	近期	3 000
13	林下经济示范基地建设项目	近期	3 000
14	乡村风景道体系建设项目	近期、远期	20 000
15	入口标志性景观建设项目	近期、远期	80
总计			60 080

3.规划用地平衡表

在各类经济发展要素中,土地是不能移动的要素,是唯一一种无法从其他市场获得新的土地补给的要素。规划区域范围确定,相应的土地面积有限,随着规划方案的落实,规划区域内的产业结构会进行调整,相应的土地利用也要随之调整。因此,规划前后的土地总量是一定的,在各产业用地之间的分配体现了发展的方向,这也是实现规划目标的出发点和落脚点(表3-3)。

表3-3　某地区农业与农村规划用地平衡表(2015年)　　　(单位:亩)

| 类型 | 蔬菜 | 瓜果 | 林业 | | | 花卉 | 建设用地 | 总计 |
			经果林	苗木	生态涵养林			
国家湿地公园				7 000	14 000			21 000
艺术创意区	1 500	1 000		3 300		1 000	1 000	7 800
多彩苗木区	500			6 300		1 000		7 800
文化博览区	1 000	500	1 500	1 000			5 000	9 000
智慧农业区	2 500	1 500	4 500	3 500				12 000
养生度假区	2 000			5 000		1 000	4 000	12 000
生态研学区	500			1 900				2 400
总计	8 000	3 000	6 000	28 000	14 000	3 000	10 000	72 000

三　常用的决策模型

模型是人们在认识与改造客观世界的过程中,为了整理资料、形成思路、交流认识、组织行动而形成的关于客观存在的领域、问题、范围的认识框架。模型一般具有比现实世界更为简单、能迅速识别影响系统的关键因素等优点,但也存在一定的局限性,比如有些问题无法通过模型体现;有些系统中的影响因素需要时间积累才能发现,而决策模型输入的数据十分有限。

决策模型的种类很多,包括以实现系统最优化为目标的数学模型,比如线性规划、非线性规划、动态规划等,以较少信息实现复杂系统最优化的层次分析法,以预测功能为主的回归分析法和马尔可夫分析法。

(一)线性规划模型

线性规划是研究线性约束条件下线性目标函数极值问题的数学理论和方法。线性规划是运筹学的一个重要分支,广泛应用于军事战略、

经济分析、经营管理和工程技术等方面。线性规划的目标是使决策变量$X_j(j=1,2,\cdots,n)$的某些线性函数的值最大化或最小化,其中X_j为决策变量,其值是确定的。使决策最优化还有一组约束条件,这些约束也表示为决策变量的线性组合。线性规划模型的标准形式如式(3-1)所示:

$$S_{\max(\text{或}\min)} = \sum_{j=1}^{n} c_j X_j \qquad (3-1)$$

约束条件为:$\sum_{j=1}^{n} a_{ij} X_j = (\text{或} \leqslant \text{、} \geqslant) \ b_i(i=1,2,\cdots,m) \qquad (3-2)$

式(3-1)和式(3-2)表示n个决策变量和m个约束条件的线性规划模型,S表示目标函数,X_j是决策变量,a_{ij}是技术系数,表示一定的技术经济条件下x和b之间已知的约束关系。

在农业布局中,在区域面积一定的情况下分配区域主要产业,获得利益最大化,可以应用线性规划模型。例如有100亩(1亩≈666.7平方米)土地,计划种植小麦、玉米和甜菜,这三种作物所占的面积就是资源分配方向,目标函数是收益最大化,影响收益的主要因素是各种作物的种植面积,但作物收益还受单产、价格和成本等因素的影响。线性规划模型的解,可通过现在常用的统计软件获得。

(二)层次分析法

层次分析法是美国运筹学家匹茨堡大学教授萨蒂于20世纪70年代初提出的,是一种将复杂现象结构化后,根据目标分解为多要素、多层次的评价系统,通过逐层比较各种关联因素的重要性,为决策提供定量依据的分析方法。该方法利用较少的定量信息使决策的思维过程数学化。层次分析法具体步骤如下。

1.建立层次结构模型

将决策目标、考虑的因素、决策时的备选方案按照等级关系,分为最高层、中间层和最低层。最高层是目标层;中间层是准则层,也是实现目标所涉及的中间环节,由若干因素组成;最低层是方案层,为实现目标可以选择的各种措施或具体方案。

2.构造判断矩阵

为了客观评价各方案,需要根据各因素评价标准对每个方案进行优劣比较。由于不同方案各因素优劣不同,综合比较方案难度较大,因此通过两两比较构造各因素对上一层因素影响程度的判断矩阵,以此对各个方案的优劣进行量化分析。判断矩阵采用了标度1~9表达两个因素之间的重要性差异(表3-4)。

表3-4　因素对比标度表

标度	含义
1	两个因素对其上层因素具有同等重要性
3	两个因素相比,前者比后者稍微重要
5	两个因素相比,前者比后者明显重要
7	两个因素相比,前者比后者非常重要
9	两个因素相比,前者比后者极其重要
2、4、6、8	分别为上述两个相邻判断的中间值

3. 一致性检验

由于两两比较得出的是估计值,构造判断矩阵后如果不自相矛盾,该矩阵就具有一致性。当判断矩阵一致时,最大特征根 λ_{max} 等于矩阵的阶数 n(即影响因素的数量),不一致的判断矩阵 $\lambda_{max} > n$。一般用一致性检验指标 CI 判断,CI 越小,说明一致性越大。$CI = (\lambda_{max} - n)/(n-1)$。当 CI 等于0,有完全的一致性;CI 接近于0,有满意的一致性;CI 越大,不一致性越严重。为衡量不同判断矩阵是否有满意的一致性,引入判断矩阵的平均随机一致性指标 RI,计算公式如式(3-3)所示,标准值见表3-5。

$$RI = \frac{CI_1 + CI_2 + \cdots + CI_n}{n} \tag{3-3}$$

表3-5　平均随机一致性指标 RI 标准值

矩阵阶数	1	2	3	4	5	6	7	8	9	10
RI	0	0	0.58	0.90	1.12	1.24	1.32	1.41	1.45	1.49

注:标准不同,RI 的值也会有微小的差异。

考虑到一致性的偏离可能是由随机造成的,因此在检验判断矩阵是否具有满意的一致性时,还需将 CI 和随机一致性指标 RI 进行比较,得出检验系数 CR,$CR = CI/RI$,一般如果 CR 小于0.1,则认为该判断矩阵通过一致性检验,否则就不具有满意的一致性,需要重新构建判断矩阵。

4. 计算权重

通过一致性检验后,再通过判断矩阵的特征向量计算矩阵中的各因

素对上一层因素影响的权重。特征向量的各分量就是各因素对上一层因素的权重。对于一致性判断矩阵 A，$a_i^* = \sum\limits_{i=1}^{n} a_{ij} / \sum\limits_{i=1}^{n}\sum\limits_{j=1}^{n} a_{ij}$，$a_i^*$ 就是因素 i 的权重。

5.计算方案的得分

根据各层次对上一层次的权重，可以汇总得到各方案在考虑各个准则情况下的最终得分，得分高的方案是最优选择，也是实现目标的可选方案。由于 n 越多，一致性越难以保证，因此使用层次分析法，方案和影响因素越少越合适。

第四章

乡村产业发展规划基本理论

第一节 产业结构演变理论

一 产业结构

衡量地区经济结构的指标很多,包括劳动力结构、产业结构、技术结构、所有制结构、分配结构、消费与积累结构等。其中产业结构是较为常见的经济结构衡量指标。产业结构指国民经济各产业部门之间的比例关系和相互关系,包括三次产业结构、部门结构以及各产业间比例关系。为了更好地分析社会经济变化的特点,根据经济活动的相同或相似特征分成不同的集合,这就是产业分类。产业分类方法很多,常见的分类方法主要有三种。

1.三次产业分类法

英国经济学家费希尔于1935年在其著作《安全与进步的冲突》一书中首先提出三次产业分类的概念。他根据社会生产活动历史发展的顺序和对劳动对象进行加工的顺序将国民经济部门划分为三次产业:产品直接取自自然界的部门称为"第一产业",包括农业、林业、畜牧业、渔业和采集业;进行初级产品再加工的部门称为"第二产业",如工业(制造业)和建筑业;为生产和消费提供各种服务的部门称为"第三产业"。三次产业分类法是产业研究的基础。英国经济学家科林·克拉克在费希尔研究成果的基础上,于1940年在《经济进步的条件》一书中运用三次产业分类法研究了经济发展和产业结构变化规律,成就了著名的"配第-克拉克定理"。

2.产业功能分类法

根据产业在经济增长中的作用和相互之间的联系将其分成主导产业、关联产业、潜导产业、支柱产业、基础产业。其中主导产业是经济活动的核心,对一个国家或地区的特定发展阶段起主导作用,不但产值占比大、增长速度快、技术水平高,而且对区域经济增长起着组织和带动作用,主导产业具有很强的前后向关联效应,可以推动或拉动很多关联产业的发展,促进产业活动的空间集聚。潜导产业是指潜在主导产业,虽然当前的规模较小,但代表了未来产业发展方向,属于高新技术产业。支柱产业在本地区经济中的占比高于主导产业,但市场发展前景一般,属于地区发展较为成熟的产业。基础产业是指为区域经济增长、社会发展以及人们生活提供公共服务的产业,比如原材料、运输、通信等产业。

3.要素集约度分类法

要素是进行生产活动所必须投入的各种物质资料和劳动力,包括资本、技术、劳动力、土地等自然与人文资源。根据产业对生产要素的依赖程度,可以将产业分为资源密集型产业、资本密集型产业、劳动密集型产业、技术密集型产业等。资源密集型产业对自然资源的依赖程度较高,比如农业、采矿业;资本密集型产业需要大量的资金投入,比如钢铁、石化产业;劳动密集型产业需要大量使用劳动力特别是廉价劳动力,如食品工业、玩具制造业;技术密集型产业主要是技术要素的投入,比如高新技术产业。

（二）产业结构演变理论

1.配第-克拉克定理

1940年,克拉克在威廉·配第的劳动力流动研究成果基础上发现劳动力在三次产业之间分布的变动趋势,这一理论成果被后人称为"配第-克拉克定理"。该理论具体表述为:随着经济的发展和人均国民收入水平的不断提高,劳动力开始从第一产业向第二产业转移,当人均国民收入水平进一步提高时,劳动力就会向第三产业转移。结果,社会劳动力在各产业间的分布状况是,第一产业劳动力减少,第二和第三产业的劳动力将增加。这一理论以三次产业为研究框架,以劳动力转移为研究切入点揭示了经济发展的规律性,也为后人认识经济发展阶段提供了定量分析工具。

2.库兹涅茨法则

在克拉克研究的基础上,被誉为GNP(国民生产总值)之父的美国经济学家西蒙·库兹涅茨收集和整理了欧美国家长期经济统计数据,不仅从劳动力而且从国民收入方面对国民经济结构进行分析。该理论指出,随着时间的推移,农业部门的国民收入在整个国民收入中的比重和农业劳动力在全部劳动力中的比重均处于不断下降之中;工业部门的国民收入在整个国民收入中的比重大体上升,但是,工业部门劳动力在全部劳动力中的比重则大体不变或略有上升;服务部门的劳动力在全部劳动力中的比重基本上都是上升的,但是它的国民收入在整个国民收入中的比重却不一定与劳动力的比重一样同步上升,而是大体不变或略有上升。

库兹涅茨法则以三次产业为研究框架,以劳动力比重和国民收入比重为研究切入点,进一步揭示了经济发展规律和产业结构之间的关系。

3.胡佛－费希尔区域经济增长阶段论

美国区域经济学家胡佛等于1949年发表的《区域经济增长研究》指出,任何区域的经济增长都存在"标准阶段次序",经历大体相同的阶段。具体有以下五个阶段:

(1)自给自足阶段。这一阶段的经济活动以农业为主,区域之间缺少经济交流,区域经济呈现较大的封闭性,各种经济活动在空间上呈现散布状态。

(2)乡村工业崛起阶段。随着农业和贸易的发展,乡村工业开始兴起并在区域经济增长中起积极的作用。乡村工业由于是以农产品、农业剩余劳动力和农村市场为基础发展起来的,故主要集中分布在农业发展水平相对较高的地方。

(3)农业生产结构转换阶段。这一阶段的农业生产方式开始发生变化,逐步由粗放型向集约型和专业化方向转化,区域之间的贸易和经济往来也在不断扩大。

(4)工业化阶段。此阶段以矿业和制造业为先导,区域工业兴起并逐渐成为推动区域经济增长的主导力量。在通常情况下,最先发展起来的是以农副产品为原料的食品加工、木材加工和纺织等行业,随后是以

工业原料为主的冶炼业、石油加工业、机械制造业、化学工业等。

（5）服务输出阶段。这一阶段的服务业发展迅速，服务的输出逐渐成为推动区域经济增长的重要动力。推动区域经济持续增长的因素主要是资本、技术以及专业性服务的输出。

4.罗斯托的经济增长阶段理论

罗斯托根据已经完成了工业化的一些国家的经济增长过程，在1960年出版的《经济增长的阶段》一书中归纳出一个国家或地区经济增长的六个阶段，分别是：

（1）传统社会阶段。主要经济特征是生产力水平低下，产业结构单一，主要从事农作物栽培，属于农业社会时期。

（2）准备起飞阶段。即前资本主义阶段，主要经济特征是农业生产效率提高，家庭手工业和商业逐渐兴起，开始进行简单的扩大再生产，出现专业化分工和协作，并有了一定的资本积累，为经济起飞提供了物质条件。

（3）起飞阶段。此阶段具备三个条件：①积累比例较高；②工业部门担任主导部门高速发展；③有利于现代化扩张的政治社会和制度结构。其相当于资本主义发展阶段中的产业革命时期，主要经济特征是农业生产效率进一步提高，农村经济逐渐商品化，劳动力逐渐流向工业领域，工业和交通运输业的发展成为推动经济增长的主导力量。

（4）走向成熟阶段。这一阶段的经济特征是经济增长速度放慢，铁路、建筑、钢铁工业以及大量使用钢铁的通用机械、采矿设备、化工设备、电力工业和造船工业等部门成为经济增长的主导部门，也是一国经济"成熟"的标志；农业仍有相当规模，但劳动力仍持续向工业部门转移，人口也持续向城市集中。其相当于资本主义自由竞争向垄断过渡的阶段。历史上，经济发达国家用了40多年的时间完成了这一阶段，发展中国家于20世纪60年代进入该阶段。

（5）高额消费阶段。这一阶段的主要经济特征是工业高度发达，国民收入水平显著提高，经济的主导部门转向耐用消费品的生产。由于社会生产能力逐渐超过市场需求增长，政府需要通过财政和金融政策来引导需求增长。美国是最早进入该阶段的国家，以1913—1914年福特汽车公司开始采用自动装配线为标志。西欧和日本在20世纪50年代进入这一阶段。

(6)追求生活质量阶段。此阶段以服务业为代表的提高居民生活质量的有关部门(包括教育、卫生保健、文化娱乐、市政建设、环境保护等)成为主导部门。这些部门的特点是提供劳务,而非生产物质产品。这一阶段居民追求时尚与个性,消费呈现出多样性和多变性,除了物质产量的多少,人类社会成就的衡量指标还包括劳务形式、环境状况、自我实现的程度所反映的"生活质量"的高低程度。

5.经济发展阶段理论

国内学者从我国区域经济发展的国情出发,提出了经济发展四阶段理论,这四个阶段分别是:

(1)不发展阶段。区域经济发展的初始阶段或区域待开发阶段,社会经济发展程度和生产力水平低下。产业结构单一,第一产业占有极高的比重;商品经济不发达,市场规模小,资金积累能力很低,自我发展能力弱,经济增长速度缓慢。

(2)成长阶段。区域经济进入工业化时期,并呈现高速增长态势,经济总量扩大;产业结构急剧变动,第二产业开始占主导地位;人口和产业迅速向一些城市集中,并形成区域经济发展的增长极。

(3)成熟阶段。区域经济达到发达状态,表现为增长势头放缓,并逐渐趋于稳定。工业化已有较久的历史,达到较高水平;第三产业也较发达,基础设施齐全,交通通信形成网络,协作配套条件优越;人口素质高。但随着经济的发展,要素在空间中集聚带来的生产生活成本的上升,使区域经济的比较优势逐渐丧失。

(4)衰退阶段(或高级化阶段)。由于区位、资源环境等经济发展条件的恶化,一些区域在经过成熟阶段甚至成长阶段的发展之后,有可能转入衰退阶段,表现为经济增长滞缓,区域逐渐衰落。但是如果转变要素投入,进行技术和组织创新,区域将进入新的成长阶段。该阶段,人们的消费结构发生根本性改变。

第二节　产业结构优化理论

一 产业结构合理化的评价标准

虽然配第-克拉克定理和库兹涅茨法则揭示了区域经济结构变动的规律,有助于认识区域经济发展阶段和相应产业结构,但区域经济结构处在不断变动之中,产业结构优化才是规划的目标,因此还需要从产业结构优化的角度认识区域经济结构。评价区域产业结构是否合理的标准主要有以下五个方面:

(1)能不能发挥区域的资源优势。即区域产业结构和区域资源结构是否适应。资源结构指生产要素结构,即自然资源、劳动力、资金、技术之间的相对比例关系。合理的产业结构首先要充分发挥地区资源优势,实现资源优势转化为经济优势。

(2)是否建立在区域分工的基础上。区域分工是社会发展的必然要求,专业化是区域分工的结果,主导产业是区域专业化的体现,只有专业化建立在区域分工基础上,地区主导产业才具有较广阔的发展前景,否则主导产业很容易在市场竞争中失去优势,而无法承担带动地区经济发展的重任。

(3)区域内产业关联度如何。罗斯托把主导产业定义为各个阶段经济发展的核心动力,是因为主导产业具有很强的产业关联度。区域内产业关联度大,产业间投入产出关系密切,经济凝聚力强,综合实力强大。所以判断产业结构是否合理的关键是判断主导产业和其他产业之间的关联度。

(4)区域产业结构的转换和应变能力如何。区域产业结构变化是绝对的,不变是相对的。产业结构顺利优化升级是区域经济持续稳定发展的前提。区域产业结构的转换和应变能力是区域产业结构能否顺利优化升级的关键。由于区域现有产业结构具有一定的刚性,转换起来有难度,如果不能及时调整和优化,区域经济结构很快就会处于衰退阶段。为了推进产业结构转换,国家会出台相应的支持政策,比如产业转移、经济区设立等。可见,区域产业结构转换和应变能力受到区域内外部条件的影响。

(5)区域产业结构性效益如何。结构性效益是衡量区域产业结构合理与否的最终标准。一般来说,区域产业结构高级化程度越高,结构性效益越好。但区域产业结构从根本上讲要符合区域经济发展内外部条件,而不能一味追求高效益。

二 产业结构优化

主导产业是连接潜导产业、支柱产业、关联产业的核心产业,主导产业的选择关系到区域经济的可持续发展。因此,产业结构优化的关键是主导产业的选择。

(一)主导产业的特点

1.阶段性

不同经济发展阶段不同,起主导作用的产业部门也不同。罗斯托在《经济增长的阶段》一书中充分阐释了经济发展各个阶段所经历的不同的主导产业(部门)。主导产业(部门)在传统社会是农业,在准备起飞阶段是食品、饮料、烟草、水泥等工业部门,在起飞阶段是非耐用消费品的生产部门(如纺织)和铁路运输业,走向成熟阶段是重化工和制造业,在高额消费阶段是耐用消费品工业(如汽车),在追求生活质量阶段是服务业部门(如文教、卫生)。

2.地域差异性

由于区域资源差异和社会分工的不同,相应的主导产业也会有所不同。当前,我国四大主导产业是电子工业、汽车工业、食品工业、建筑业。比如,上海和安徽由于区域相连,同属于长三角经济圈,主导产业差异明显且有分工关系,上海重点发展高端装备制造产业、高新科技产业、新能源汽车产业,而安徽主导产业包括汽车和装备制造产业,以及能源和新能源产业。因此,上海和安徽在主导产业方面存在一定的差异性。

3.关联性

主导产业对某些向本部门提供生产资料、能源物质的部门及相关产业部门起"牵拉作用",对利用主导产业获取生产资料的产业部门又具有"推动作用"。因此,布局主导产业可以带动一系列相关产业在空间中集

聚,形成区域经济中心,并成为推动地区经济发展的核心。

(二)主导产业选择原则

1.比较优势明显,输出前景光明

主导产业的选择以开发区域自然资源优势为主,或者有利于发挥地区生产要素、生产条件优势,一般是建立在区域资源或条件差异化的基础上,通过主导产业发展将地区资源优势转化为地区经济优势。

2.持续性经济效益好,增长速度快

主导产业应该是社会需求量大的产业,不仅目前具有较好的市场,而且具有巨大的市场潜力;在未来一段时间,主导产业产品的市场需求度也较高,表现为需求收入弹性基准大于1。

3.关联效应强

这是由主导产业特点所决定的。主导产业之所以对地区经济发展十分重要,就是因为主导产业可以推动或拉动其他关联产业的发展,既可以是上游产业也可以是下游产业。相关产业在地区集中,形成集聚效应,进而推动地区经济发展。

(三)主导产业选择方法

1.粗选

通过衡量产业规模、效益、速度3个指标先淘汰一批。一般产业规模占地区经济总量5%以上,或者占上一级区域同类产业经济总量8%以上,就初步具备了主导产业的条件。

发展速度较慢,属于夕阳产业的不予考虑,产业效益较差的也不予考虑。

2.基准分析

准确判断主导产业是否比较优势明显、经济效益好、关联效应强,需要对粗选后的主要产业进行基准分析,主要包括比较优势基准、筱原两基准和产业关联效益基准3种基准分析。

(1)比较优势基准分析

比较优势基准是主导产业是否建立在比较优势基础上产生和发展起来的衡量指标。比较优势基准是通过该产业的集中度、生产率、产品输出情况以及经济效益4个方面进行综合判断的。具体公式为:

$$CS = CC \times CX \times CP \times CT \tag{4-1}$$

式(4-1)中，CS 为比较优势系数，CC 为比较集中率系数，CP 为比较生产率系数，CX 为比较输出率系数，CT 为比较利税率系数。各指标计算公式如下。

$$比较集中率系数：CC = \frac{C_{ik}/C_i}{C_k/C} \qquad (4-2)$$

式(4-2)中，C_{ik} 为 i 地区 k 产业的产值，C_i 为 i 地区所有产业的产值，C_k 为全国 k 产业的产值(或上一经济区域)，C 为全国所有产业的产值。CC 大于1，则 i 地区的 k 产业在产出规模上相较于其他地区的 k 产业具有比较优势。

$$比较生产率系数：CP = \frac{P_{ik}/P_i}{P_K/P} \qquad (4-3)$$

式(4-3)中，P_{ik} 为 i 地区 k 产业全要素生产率(TFP)，P_i 为 i 地区所有产业全要素生产率，P_k 为全国(或上一经济区域)k 产业全要素生产率，P 为全国所有产业的平均要素生产率。CP 大于1，则 i 地区 k 产业相较于全国其他地区的 k 产业具有生产率的比较优势。

$$比较输出率系数：CX = \frac{X_{ik}/X_i}{X_k/X} \qquad (4-4)$$

式(4-4)中，X_{ik} 为 i 地区 k 产业产品和劳务输出量，X_i 为 i 地区 k 产业产品和劳务生产总量，X_k 为全国 k 产业产品和劳务区际交换量，X 为全国 k 产业产品和劳务生产总量。CX 大于1，说明 i 地区 k 产业产品的区级交换量较大，产品的商品率较高。

$$比较利税率系数：CT = \frac{T_{ik}}{T_k} \qquad (4-5)$$

式(4-5)中，T_{ik} 为 i 地区 k 产业产值利税率，T_k 为全国 k 产业产值利税率。很明显，CT 大于1，意味着 i 地区 k 产业创造利税的能力较强，具有比较优势。

（2）筱原两基准分析

这是日本学者筱原三代平在1957年提出的产业结构规划的两个准则，包括收入弹性基准和生产率上升率基准。

第一，高需求收入基准。由于主导产业不仅当前的社会需求较大，而且未来的需求也可以持续较快地增长，也就是说主导产业必须是高需求收入弹性的产业。需求收入弹性是指在价格不变的前提下，某产业产

品需求的增加率和人均国民收入的增加率之比,即需求收入弹性等于某产业产品的需求增加率除以人均国民收入的增加率。如果需求收入弹性大于1,则表示富有弹性;小于1,表示非弹性。主导产业要求产品的需求收入弹性大于1。需求收入弹性越大越可能成为主导产业。

第二,高生产率上升率基准。生产率上升较快的产业及技术进步速度较快的产业,也就是技术进步带来生产成本下降较快的产业,由于投入产生效率较高,也是资源要素集中投入的产业,因此在产业结构中的占比较大。这里的生产率包括资源生产率、劳动生产率、资金生产率和技术生产率在内的全要素生产率,其中全要素生产率上升率最高的产业可以作为主导产业。

(3)产业关联效益基准分析

主导产业通过组织相关产业发展促进区域经济发展,因此,一个产业不仅仅要具有比较优势、良好的发展前景,还要能够推动或拉动相关产业发展,否则仍不能算主导产业。判断主导产业关联效益的指标有感应度系数和影响力系数。一般用投入–产出逆阵系数来表示。

第一,感应度系数。感应度系数是指国民经济各部门每增加一个单位最终使用时,某一部门由此而受到的需求感应程度,也就是需要该部门为其他部门生产而提供的产出量。感应度系数越大,该部门与其他部门间的关系越密切。用公式表示为:

$$S = a/A \tag{4-6}$$

式(4–6)中,S表示感应度系数,a表示某产业横向逆阵系数的平均值,A表示全部产业横向逆阵系数的平均值的平均。

第二,影响力系数。影响力系数是指国民经济某一个产品部门增加一个单位最终产品时,对国民经济各部门所产生的生产需求波及程度。影响力系数越大,该部门对其他部门的拉动作用也越大。用公式表示为:

$$I = b/B \tag{4-7}$$

式(4–7)中,I表示影响力系数,b表示某产业纵向逆阵系数的平均值,B表示全部产业纵向逆阵系数的平均值的平均。

某产业的感应度系数和影响力系数都高,就是主导产业的最佳选择;如果一高一低,则表示某产业可能成为主导产业;如果两个指标都低,就不适合作为主导产业。

3.系统分析

通过基准分析就可以筛选出比较优势明显、经济效益好、发展前景光明且关联效益明显的数个具有候选资格的主导产业,然后利用专家咨询法,对之前的选择标准进行权重确定,最后综合计算得分,选出一至几个主导产业。也可以直接采用专家咨询法,在粗选和基准分析的基础上确定一至几个主导产业。

▶ 第三节 产业空间结构演变规律

产业空间结构是各种产业活动在区域内的空间分布状态。不同的产业活动,其空间形态不同,比如工业和商业等表现为点状,而交通、通信表现为线状,农业表现为面状,各种产业空间结构之间的相互联系和作用就构成了区域空间结构。

一 区域空间结构模式

在不同区域和不同发展阶段,区域空间结构既表现出一定的共性,也存在一定的差异性。区域空间结构模式共有三种。

1.极核式空间结构

在区域发展的早期阶段,区域内的经济发展水平差异不显著,但各地资源禀赋不同,一些区位条件较好的地区具备了经济率先发展的机会,逐渐成长为区域经济活动的聚集地,也就是区域经济增长的极核,这种具有单一核心的经济空间就是极核式空间,也被称为"增长极"。增长极的概念来自法国经济学家佩鲁,早期指具有推动型的经济单位或具有空间集聚特点的推动型的经济单位;后来另一名法国经济学家布代维尔将增长极概念引入地理空间,认为增长极是指具有推动型主导产业和创新行业及其相关产业在地理空间上集聚形成的经济中心,也可以理解为具有增长功能的城市或城镇。

增长极理论认为,一国或一个地区的经济增长不可能均衡地在所有地点发生,总是在一些条件较好的地点率先开始,并通过集聚发展成为

经济增长的极核,带动周围地区经济的全面增长。增长极理论对社会发展过程的描述十分真实,符合人们对区域发展特征的认识,增长极理论所提出的区域开发的早期特征和相关政策也便于政策制定者理解和接受,因此对于一个区域的早期开发意义重大。

利用增长极理论进行区域早期开发的关键是区域增长中心即增长极的培育。增长极一般是区域内经济发展条件较好的地区,因此培育增长极的主要手段包括建设交通线和开展行政建制两种方式。建设交通线可以改善地区对外交通状况,促使地区经济中心的形成和发展;而进行行政建制,则可以聚集各种资源要素,促进区域经济中心的形成和发展壮大。

2. 点轴式空间结构

点轴式空间结构也被称为"点轴模式",是区域经济发展到中期阶段的空间结构。点就是各级中心地,即区域内的各级中心城镇,包括居民点、生产地、运输枢纽、能源生产和供给枢纽等,轴线则是若干不同级别的中心城镇在一定方向上连接而形成的相对密集的人口和产业带,既可以是沿城市之间的交通干线布局的经济轴线,也可以是经济密集分布带。

早期各种资源要素向中心集聚,促进区域增长极的形成,增长极一旦成长起来,将对周围地区产生深刻的影响:首先,增长极的进一步成长需要更多的资源要素,仅仅依靠周围地区供给已经不能满足需求,需要通过开辟交通线,加强和其他地区的联系,获得更多的资源要素,推动中心的成长和壮大。其次,增长极形成之后,会和周围地区产生密切的资源要素的交流与流动,推动周围地区经济成长,尤其是沿交通线周围地区以及一些交通条件较好的节点地区,这进一步促进了次一级中心城市的出现。由此可见,轴线的形成不仅推动了增长极自身的成长,也进一步推动了整个区域空间结构由极核模式向点轴模式甚至后期网络模式的演变。

点和轴都可以分为若干等级,点的等级划分依据是区域经济规模、面积、人口等指标以及对区域发展的作用,轴的等级划分可以根据其长度、宽度和对区域发展的影响或所在交通线的等级。一个点轴系统是由不同等级的点与轴线组合而成的。但认识同一等级的点轴关系是认识区域经济发展规律以及对区域经济规划进行设计的关键。

3.网络式空间结构

网络式空间结构是点轴式空间结构进一步发展的结果。在点轴系统发展的过程中,区域增长极的辐射和带动作用使各级节点也逐渐成长起来,位于轴线上的各级节点之间的联系进一步加强,每个节点都需要与其他区域发生联系,以获得区域发展所需要的资源、要素以及相应的市场,点与点之间建设多路径的联系通道,形成纵横交错的交通、通信、动力供应网络,资源要素流动加剧,各级节点逐渐成长为对周围地区社会经济发展起到促进和带动作用的次一级中心,这些具有增长功能的各级节点,便构成了区域的增长中心体系。同时,各级节点通过各种轴线的联系,建立了资源、要素的便捷流通渠道,进而形成网络模式的空间结构。

网络式空间结构是区域经济和社会活动进行空间分布与组合的框架,依托网络式空间结构,充分利用各种经济社会联系就能够把区域内分散的资源要素、企业、经济部门及地区组织成为一个具有不同层次、功能各异、分工合作的区域经济系统。

二 区域空间结构演变规律

区域空间结构是在一定的发展时期和条件下,区域内各种经济组织进行空间分布与组合的结果。随着社会生产力的发展,区域空间结构不断发生变化。这里重点介绍美国学者弗里德曼于1966年在其著作《区域发展政策》一书中提出的区域空间结构演变理论。弗里德曼把区域空间结构的演变划分为四个阶段。

1.前工业阶段的区域空间结构

这种空间结构是工业化之前,即农业社会时期的状态,虽然出于交通和防御等原因形成一定的经济活动中心,但是这些中心和周围地区差异不大,各中心之间也没有等级结构之分。区域生产力水平总体较低,经济不发达,相应的空间结构是一些各自独立的地方中心与广大的农村地区,各地区之间相对封闭,彼此很少联系。区域空间结构的基本特征是低水平均质且无序。

2.过渡阶段的区域空间结构

在工业化早期,某些地方经过长期积累或因外部刺激而获得发展的动力,经济快速增长,发展到一定程度就成了区域经济中心。原始平衡状态被打破,空间结构从低水平均质发展到单一中心。此时区域由单个相对强大的经济中心与落后的外围地区所组成。该中心以其经济发展的优势吸引外围地区的要素不断向它集聚,从而越来越强大;而外围地区则更趋向落后,从而致使区域空间结构日趋不平衡。这一时期的区域空间结构对应着极核式空间结构(图4-1a)。

3.工业化阶段的区域空间结构

在工业化进程中,随着经济活动范围的扩展,在强大的单一中心外围,受交通改善和经济中心影响,其他地方产生了新的次一级的经济中心。这些新的经济中心与原来的经济中心在发展上和空间上相互联系、组合,就形成了区域的经济中心体系。由于每个经济中心都有与其规模相应的大小不一的外围地区,这样,区域中就出现了若干规模不等的中心–外围空间。这些各种等级的中心–外围空间便构成了区域的空间结构。区域空间结构日趋复杂化和有序化,并对区域经济的增长有着积极的影响。这一时期的空间结构对应着点轴式空间结构(图4-1b)。

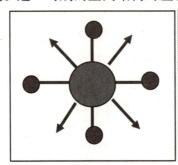
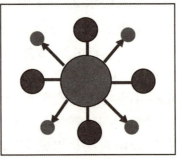

a.极核式空间结构　　　　b.点轴式空间结构

图4-1　区域空间结构演变示意图

4.后工业化阶段的区域空间结构

这一时期工业化基本完成,经济发展达到了较高的水平,区域内各地区之间的经济交往日趋紧密和广泛。同时,不同层次和规模的经济中心与其外围地区的联系也越来越紧密,它们之间的经济发展水平差异在缩小。所以,区域内就逐步形成了功能上一体化的空间结构体系。随着中心与外围地区界线的逐渐消失,区域最终将走向空间一体化,因而这一时期的空间结构对应着网络式空间结构。

农业社会时期的空间是低水平均质的空间系统,而发展到这一时期的空间则是高水平均质的空间系统,此时区域内资源与要素在空间上均匀分布,经济发展水平都较高,且发展水平相当。当前我国长三角地区基本达到了这一空间结构形态。

三 产业结构空间演变的内在机制

(一)区位指向

区位指向是指经济活动在选择区位时所表现出来的尽量趋近于特定区位的特性。不同类型的产业活动,其区位指向不同。比如农业和采矿业具有自然条件和自然资源指向;钢铁建材、木材加工等产业具有原料地指向;有些产业活动在生产过程中需要消耗大量的燃料和需要稳定的动力供给,这类产业具有燃料动力指向;在生产中需要投入大量劳动力资源的产业则具有劳动力指向;运输在产品成本中占比较高的产业必然更倾向于布局在交通条件优越的地区,这类产业具有交通运输指向;对市场比较依赖的产业具有市场指向;对科学技术依赖较强的产业具有高科技指向。

虽然产业活动的区位指向比较明显,但是具体产业活动的区位选择还会受到企业本身发展规模、企业所有权状况、发展战略、竞争环境以及技术进步等内外部因素的影响。其中,技术进步对区位选择的影响最大。技术进步带来了交通运输成本的下降,使一些有特定区位要求的产业活动的选址空间扩大。技术进步还带来了资本对劳动力的替代,甚至技术可以解决生产中对光热等自然条件的依赖问题,极大扩展了农产品的生产空间。技术进步还可以带来市场规模的变化,比如当前物流、冷链、电子商务的发展,催生了直播行业,使生鲜农产品的销售范围扩大到全国甚至全球范围。总之,随着技术的进步,产业活动的区位指向不明显的情况加剧,这使得产业活动区位选择更加困难。

(二)集聚与扩散机制

1.集聚

集聚指资源要素和部分经济活动等在地理空间上集中的趋向和过

程。集聚的原因是经济活动的内在联系以及对集聚经济的追求。如果各产业活动内在联系密切，比如存在投入产出关系，集聚不但可以节约公共设施建设成本，还有利于降低交易成本等，这促成了产业在空间上的集中布局。资源、要素具有趋优效应，在完全市场经济中，资源、要素的自由流动促使更多的经济活动趋向经济发展条件较好的地区，加剧了集聚作用。

集聚带来资源、要素在空间上的集中，对空间结构产生了深刻影响。资源要素的集中带来了产业活动在空间上的集中，中心相较于其他地区会获得更多经济发展的机会，逐渐成长为区域经济中心，造成空间差异性扩大。随着资源要素进一步向中心集聚，造成空间差异性进一步扩大，引发空间上的"马太效应"。因此集聚作用是一个中心城镇发展的动力，但如果不加以正确引导，也会成为空间结构恶化的推动力。

2.扩散

扩散指资源要素和部分经济活动等在地理空间上分散的趋向和过程。扩散是为了避免集聚不经济或寻求新的发展机会。当集聚发展到一定阶段，过多的产业活动带来交通拥堵、地价上涨、环境恶化，集聚效益下降，有些产业活动无法支付生产成本而不得不迁移到成本较低的地方，即使能够支付日益上涨的地价，企业也可能为扩大市场规模，选择到周围地区发展新的市场；或者政府为解决产业活动空间集聚带来的负面影响而自觉引导和鼓励资源、要素、企业和经济部门向其他地区扩散。

扩散促进资源、要素、企业和经济活动在空间趋于均衡分布，有利于缩小区域内部的经济水平差异，促进经济协调发展。扩散可以弥补集聚不经济的不足，但也需要正确认识集聚与扩散的关系，政府如果过分推动扩散，会导致集聚效益丧失，这是得不偿失的。

3.集聚与扩散的关系

在区域空间结构形成与发展的不同阶段，集聚与扩散机制发生作用的强度不一样。区域空间发展初期，集聚机制起主导作用，引发区域空间分异；区域空间发展时期，随着中心城镇功能的增强，集聚作用仍然较强，但扩散机制逐步发挥作用；区域空间结构的成熟期，集聚和扩散机制同时起作用，很难判断集聚和扩散哪一个占主导地位；由于区域空间达到高水平均质状态，资源、要素空间差异性缩小，流动动力不足，集聚和扩散作用都有所减弱,此时区域的进一步发展存在困难。由于集聚和扩散作用都存在一定的惯性,即该作用一旦发生就会一直持续下去,直到出现集聚不经济或扩散不经济。因此,在发挥区域中心集聚作用和对周围地区的扩散作用时,要有意识地将这些作用控制在有利于区域空间结构优化的范围内。

(三)距离衰减效应

同类产业活动因为区位指向相同而集中,具有相关性的产业活动因集聚作用而集中,而不相关的产业由于对资源、要素和市场有共同的需求,仍有可能集中布局,这种联系主要基于距离关系而产生,被称为"距离衰减效应"。距离衰减效应是指相隔较远的区位间经济联系较弱,而较近的区位间经济联系较强,也可以说经济活动更愿意就近布局,也被称为"空间近邻效应"。可见各种经济活动之间由于空间距离不同,发生联系的机会和程度存在差异,这种差异影响了经济活动的空间分布与组合,即影响了空间结构的形成与发展。

距离衰减效应产生的原因是较近区位之间的经济联系成本较低。就近组织资源和要素进行生产和经营是经济活动决策的理性选择。虽然随着交通条件的改善,经济活动从更远地区获得资源、要素、市场的可能性增加,但为了降低决策风险,决策者更愿意就近谋求发展。距离衰减效应对空间结构的影响主要表现为:

(1)促进区域经济就近扩张。经济活动一般采取由近及远的方式进行空间布局,会推动经济中心规模逐渐增大。

(2)影响各种经济活动的竞争,优化空间结构。由于一定区域一定时期内投入经济发展的资源和要素是有限的,市场需求也是有限的,当相近区域的经济活动逐步增加后,竞争加剧,这种竞争又会通过市场优胜劣汰,筛选出更加适合的产业类型留了下来,优化了空间布局,这也是成熟的住宅小区各项服务设施更加完善的原因。

(3)影响各种经济活动之间在发展上的相互促进。各种经济活动在空间上的临近,除了加剧市场竞争,也会使其在市场选择中建立起相互依存的发展关系,彼此展开分工与合作,有利于提高各种资源、要素的利用效率。

【知识链接】培育增长极的两种方法的实践

　　第一种方法是建设交通线。我国1996年建成通车的京九铁路，被称为"京九经济轴线"。京九铁路位于京沪、京广两大干线之间，它是缓解南北交通的大动脉，北起北京、南抵香港九龙，跨越京、津、冀、鲁、豫、皖、鄂、赣、粤、港九地，所经之地除了两头是具有强大物贸吸引力的中心城市，其他地区都是经济欠发达地区。京九铁路沿线资源丰富，是粮、棉、油产区，具有众多的矿产资源和旅游资源，京九线的开通带动了沿线地方资源开发，推动了沿线经济发展，具有十分重要的战略意义。京九铁路沿线很多城市比如安徽阜阳、亳州，江西吉安、赣州因为交通线建设而逐渐发展成为区域中心城市。

　　第二种方法是开展行政建制。巴西利亚、阿布贾以及我国重庆均属于这种情况。1976年，尼日利亚联邦政府为了国家的安全和大多数部族之间的平衡，决定在尼日利亚中部建立联邦政府新首都阿布贾，而阿布贾旁边的苏莱贾被认为是尼日利亚全国地理中心。经过短短二三十年的建设，阿布贾从一个不为世人所知的中部小镇一跃成为一个拥有三百万人口的现代化国际大都市，其发展速度堪称"世界之最"。

▶ 第四节　产业推移与产业分工

　　产业活动不仅在一个地区会随着生产力的发展而不断演变，而且在空间上也会不断进行转移，以寻找适合的发展场所。梯度推移理论对这一规律进行了经济学分析。

一 梯度推移理论

　　梯度推移理论建立在美国哈佛大学教授雷德蒙·弗农提出的产品生命周期理论的基础上。产品生命周期理论认为，一种新产品从进入市场到被市场淘汰与人的生命过程类似，都要经历创新、发展、成熟和衰老四个阶段，产品生命周期的各个阶段对企业区位条件的要求不同。比如产品创新阶段,因为需要大量的智力、技术及资金投入,且新产品生产量小、制造成本高、售价高,只有发达国家的收入水平能够支持产品的销售;产品成熟阶段,由于产品定型、生产技术标准化、生产区位以成本最低为准则,企业会把生产和装配业务转移到劳动力成本较低的发展中国家,同时该产品成本下降,也促使产品得到普及,在发展中国家的市场扩大。

区域经济学家将区域经济部门与产品周期相对应,认为一个区域经济的兴衰,取决于其产业结构,进而取决于其主导产业的先进程度。如果区域主导产业的产品处于创新发展阶段,则该主导产业所在部门是兴旺部门,相应的区域则处于高梯度区域。如果一个区域的主导产业处于成熟阶段后期或衰老阶段,则经济增长必然缓慢,相应的区域属于低梯度区域。梯度推移理论认为,推动经济发展的是创新活动,但创新活动大都发源于高梯度区域,然后随着产品生命周期循环阶段的变化,主导产业需要的区位条件也发生变化,高梯度区域的产业活动逐步向低梯度区域转移。

梯度推移主要是通过城市系统扩展开来,因为创新往往集中在城市,而且城市从环境条件和经济能力看比其他地方更适于接受创新成果。梯度推移的方式有接触式扩散和等级扩散。接触式扩散就是创新从发源地向周围相邻的城市推移,是一种由近及远的扩散;等级扩散也称为"蛙跳式扩散",指创新从发源地向较远的第二级城市推移,再向第三级城市推移,以此类推。这样,创新就从发源地推移到所有的区域。由此可见,等级扩散对于创新的传播效率要高于接触式扩散,但是要实现从创新中心到所有区域的扩散,最后一个环节必然是接触式扩散。梯度推移理论有助于理解城镇体系建设的重要性。在城镇体系规划中,城镇体系的合理性是有效实现产业活动梯度转移的标准之一。

二　产业分工理论

产业分工是产业专业化发展的结果,分工可能是市场配置的结果,也可能是政府干预的结果。了解分工的原因和条件有助于规划时为区域间发展提供科学的理论指导。

1. 成本优势理论

古典经济学家提出的分工理论被用于解释国际分工与贸易的原因。斯密在1776年发表的《国富论》中提出了绝对成本优势理论。他认为不同国家生产自己具有绝对成本优势的产品并用以交换其他国家具有绝对成本优势的产品,这对两个国家都有利,具有绝对成本优势是国际分工与贸易的基础。但是当一个国家所有产品生产效率和其他国家相比都不具有优势时,国家之间的分工与贸易还能否进行呢?李嘉图在其著作《政治经济学及赋税原理》中提出了比较成本优势学说。他认为各国仍然可以集中生产自己具有相对成本优势的产品,交换其他国家具有相对成本优势的产品。这样各国都可以在国际分工和贸易中增加各自的利益。具有相对成本优势是指,当一国的各种产品的劳动生产率都不如其他国家时,其中有些产品的劳动生产率相较于另一些产品的劳动生产率,与其他国家相比差得不那么多。

绝对或相对的成本优势理论,是国际分工与贸易的基本理论,该理论建立在国家和国家之间要素无法流动的基础上,即国家之间在同一种商品生产上存在技术效率的差别。这也正是国际分工的根本原因。由于区域与区域之间也无法做到要素的自由流动和技术效率的无差别,因此区域之间也可以根据成本优势理论进行分工,前提是区域之间存在生产成本绝对或相对的比较优势或者说技术效率上的差别,那么进行区域分工就是有利可图的。

2. 要素禀赋理论

新古典贸易理论的代表人物赫克歇尔和俄林提出了要素禀赋理论(简称"H-O理论"),该理论认为国际分工及贸易产生的主要原因是各国生产要素富集程度的差异。商品的价格取决于要素投入,构成并由此决定了商品生产要素相对价格和劳动生产率的差异。H-O理论认为,贸易过程实际上是商品供求趋于平稳的过程,这个过程可以消除不同地区之间商品价格差异,进而消除生产要素的价格差异。两国或两个地区在同一产品生产上的成本差异,是由于各自的要素价格不同,而要素的价格受地区要素富集程度影响,不同地区要素富集程度不同,生产产品时投入的各要素密集程度也不同。每个国家或地区总是生产相对密集地使用其较充裕的生产要素的产品,以此降低成本,具有比较优势。因此,在使用的生产要素具有替代性的前提下,一国或地区密集使用相对低廉的生产要素就拥有由成本优势所决定的国家或地区竞争优势,通过国际贸易或区间贸易,各方都可以获得比较利益。

3.新贸易理论

20世纪80年代后期,赫尔普曼、克鲁格曼、格罗斯曼等人提出了新贸易理论,大量运用产业组织理论和市场结构理论来解释国际贸易,并用不完全竞争、规模报酬递增、外部性等思想来建立新的理论,使国际贸易理论取得了新的重大进展。

新贸易理论认为,贸易的原因不仅仅是比较优势,还有规模递增收益。要素禀赋差异决定着产业间的贸易,而规模经济决定着产业内部的国际(区际)贸易。新贸易理论通过对产业内贸易的考察,认为在不完全竞争的市场结构中,由于规模经济的存在,即使在各国的偏好、技术和要素禀赋都一致的情况下,也会产生相异产品之间的"产业内"贸易,并且国家间的差异越大,产业间的贸易量就越大,而国家间越相似,产业内的贸易量就越大。为了获得更大的市场规模,各国在同一产业内生产差异化的产品,通过竞争占领其他国家市场。

这对于区域分工也是有借鉴意义的,即使两个地区的禀赋条件相同,同时也不存在李嘉图所提出的技术比较优势,但如果有规模经济,则两个地区在同一产业内,也可以选择生产不同类型的产品,开展分工和贸易。

4.小岛清协议分工论

日本学者小岛清认为,即使在比较成本不存在或者说要素禀赋比率相同的条件下,地域分工仍然是一种必然趋势。两个地区如果在生产两种产品上均没有比较优势,则很难通过市场机制的作用形成分工;但两个地区协议分工生产,并各自让出自己不生产的产品市场,可以通过生产规模的扩大,降低生产成本,使双方均获益。

要素禀赋相同的地区,虽然可以通过市场机制实现分工,比如新贸易理论中所阐述的两个地区为追求规模经济在市场中通过竞争实现产业内分工,但却是以资源的浪费和不合理使用为代价的,并有可能引发地方保护或恶性竞争,因此由中央或地方政府出面通过协商进行分工比较有效。这启示我们,如果地区间资源优势不明显,经济发展水平和产

业结构相似,仅仅通过市场竞争实现规模经济不是最优的,应根据小岛清协议分工理论,由政府出面协调进行分工合作。

第五节　区位理论

区位理论是指关于人类活动所占有场所的理论,本书指研究经济活动在空间上进行选择和安排的理论。和产业结构演变规律、产业空间结构演变规律不同,区位理论从规范性角度,侧重研究不同产业活动在空间布局上的最佳选择原则。

一　农业区位论

杜能(1783—1850年),德国经济学家,经济地理和农业地理学的创始人。同时,杜能也是一位德国农场主,他经过16年的农业经营和不间断记录,于1826年出版了《孤立国同农业和国民经济的关系》(简称《孤立国》)一书,奠定了农业区位论的基础。杜能处于德国农业制度改革之后的时代,当时出现了由农业企业家和农业劳动者构成的农业企业经营,农业的合理经营成为实践需要,农业经营者开始考虑如何实现农业经营的利润最大化。

为简化分析过程,该理论设置了以下几个前提:

(1)肥沃的平原中央只有一个城市,距离城市50英里(1英里≈1.609千米)之外是荒野,与其他地区隔绝。城市是唯一的市场,所有农产品只能在该城市销售,同一种农产品的销售价格是一致的。

(2)不存在可用于航运的河流与运河,马车是唯一的交通工具,在单一运输方式下,同一种农产品的单位运费是一致的。

(3)农业生产条件、土质条件一样,同一种农产品的生产成本是一致的。

(4)农业生产者追求利润最大化。该条件可用于构建利润最大化目标函数。

杜能构建的利润最大化目标函数也被称为"一般地租收入函数",因为农业生产者从土地所有者那里租用土地要素进行生产活动,其获得的

收入属于土地所有者即地租收入。土地经营者投入的是劳动,其报酬被计入农产品生产成本。计算公式如式(4-8)所示:

$$R = PQ - CQ - KtQ = (P - C - Kt)Q \qquad (4-8)$$

式(4-8)中,R 为地租收入,P 为农产品的市场价格,C 为农产品的生产费,Q 为农产品的生产量(等同于销售量,意味着所有农产品全部销售完),K 为生产地与城市(市场)的距离,t 为农产品的运费率。

式(4-8)还可以简化为:

$$r = P - C - Kt \qquad (4-9)$$

式(4-9)中,r 为单位农产品的地租收入(单位农产品的利润)。

根据式(4-9),经进一步分析可知,某农产品在平原上能够布局的最远距离是地租收入为0时,即 $r=0$ 时。由于对于指定农产品,其市场价格已经确定,单位生产成本和单位运输成本也已确定,要实现单位农产品的地租收入(利润)最大,则式(4-9)仅有唯一的变量 K 可以决定特定农产品的收益。据此可以计算出所有该区域生产的农产品布局的最远距离。但是在远离城市的某一点,究竟布局哪种农产品最佳还需要进行各种农作物利润的比较。杜能根据多年的种植经验和记录,计算出孤立国周围主要农产品的布局(图4-2)。

第一圈层:自由式农业圈。主要生产易腐难运的产品,如蔬菜、鲜奶。

第二圈层:林业圈。供给城市用的薪材、建筑用材、木炭等。

第三圈层:轮作式农业圈。没有休闲地,实行六区轮作。第一区为马铃薯(自给),第二区为大麦(饲料),第三区为苜蓿(饲料、养地),第四区为黑麦,第五区为豌豆(养地),第六区为黑麦。其中耕地面积的50%种植谷物。

第四圈层:谷草式农业圈。实行七区轮作,总有一区为休闲地。

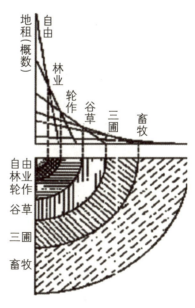

图4-2　农业圈层结构示意

第一区为黑麦,第二区为大麦,第三区为燕麦,第四区、五区、六区为牧草,而第七区为荒芜休闲地。全部耕地面积的43%为谷物种植面积。

第五圈层:三圃式农业圈。实行三区轮作。第一区为黑麦,第二区为大麦,第三区为休闲地。全部耕地面积中仅有24%为谷物种植面积。

第六圈层:畜牧业圈。为城市提供日常所需的肉类和奶类制品。

根据杜能农业圈可以看出,农业布局在城市周围地区,而且呈环状布局(在农业生产条件均匀分布的条件下),为满足城市居民消费需要,存在各种不同的农业圈层。在城市化进程的不同阶段,城市周围地区的农业圈层不尽相同,并且受交通发展的影响,农业圈层也并不规则,但总体上仍呈环状布局。

二 韦伯工业区位论

德国经济学家、社会学家韦伯于1909年出版了《工业区位论:区位的纯理论》一书,创立了工业区位论。该理论为工业区位选择提供了理论支持。该理论建立在一系列假设之上,假设前提可简化为以下三点:

(1)已知原料供给地的地理分布。

(2)已知产品的消费地与规模。

(3)劳动力存在于多数的已知地点,且不能移动;各地的劳动成本是固定的,在这种劳动花费水平下可以得到劳动力的无限供应。

韦伯认为工业区位受三个因素的影响。首先运费影响工厂选址,随后劳动力费用会使运费影响下的选址产生第一次偏移,而集聚效益也会使运费影响下的选址产生再次偏移。据此,韦伯提出工厂选址的三个指向。

1. 运费指向

运费主要取决于重量和运距,在原料地和消费地已知的情况下,运费就只和原材料及产品的重量有关。韦伯提出原料指数的概念,通过重量之比判断工业区位的最佳选址。原料指数等于局地原料重量和产品重量之比。局地原料是指只有特定地区才有的原料,比如铁矿石、甘蔗,而泥土、水属于遍地原料。

(1)原料指数大于1时,原料比产品更重,工厂区位在原料地。

(2)原料指数小于1时,产品比原料更重,工厂区位在消费地。

(3)原料指数等于1时,工厂区位在原料地或者消费地均可以(即自由区位)。

2.劳动费指向

工业区位由运费指向转为劳动费指向的条件是节约的劳动费大于增加的运费。韦伯用劳动费指数表达劳动费对工厂选址的影响,劳动费指数等于劳动费与产品重量之比。如果单位产品的劳动费高,则工厂从最小运费区位移向廉价劳动费区位的可能性大。为了说明这一问题,韦伯设计了等费用线(图4-3)。

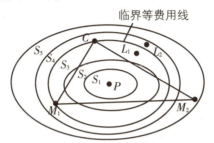

图4-3　劳动费最低区位示意图

图4-3中,P为运费最小点,等费用线S_1处的运费比P处都增加1个单位,以此类推,S_5处运费增加最多。劳动力低廉地为L_1、L_2。如果在L_1、L_2处布局工厂,分别比P处劳动费低3个单位,则考虑劳动费对选址的影响,应该将工厂布局在L_1处,因为L_1和L_2虽然都节约3个单位的劳动费,但L_1处运费增加不到3个单位,而L_2处运费增加大于3个单位,很明显,L_1处节约的劳动费大于增加的运费。

3.集聚指向

韦伯把一定量的生产集中在特定场所带来的生产或销售成本降低称为"集聚因子",把集聚引起工厂选址的偏移称为"集聚指向"。集聚指向是对运费指向的再一次偏移,属于对劳动费用指向的替代,但替代的前提是运费的增加低于由集聚带来的成本的节约,并且又都在临界等费用线内侧。只有在临界等费用线内侧,集聚带来的成本的节约才会大于运费的增加,工厂才最有可能在此选址(图4-4)。

韦伯区位论不仅仅限于工业布局,对其他产业布局也具有指导意义,进而成为经济区位布局的一般理论。该理论能够很好地解释发展中国家加强交通建设和工业区建设对发展经济的重要意义。随着现代交通运输业的发展,运费在产品价格中的比例大大降低,运费对工厂选址

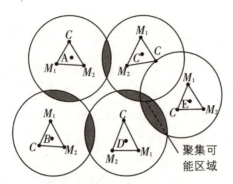

图4-4 集聚指向示意图

的影响也逐渐减弱,除对区位要求较高的产业活动,劳动费对劳动密集型产业产生较大的影响外,集聚的影响越发重要,大量工业区、高新区、产业园的出现就是例证。

三 克里斯塔勒中心地理论

克里斯塔勒,德国经济地理学家,1933年出版了《德国南部的中心地——关于具有城市职能聚落的分布与发展规律的经济地理学研究》(中文译本为《德国南部中心地原理》)一书。中心地理论探索"决定城市的数量、规模及分布的规律是否存在,如果存在,又是怎样的规律"。理论的核心概念是中心地,中心地是指为周围地区提供商品或服务的中心城市或城镇,相当于我国各个大中小城市以及乡镇、集镇。

克里斯塔勒采用抽象化的分析方法,对研究问题进行了一系列假设:

(1)平原均质。平原上人口均匀地分布,且居民的收入、需求以及消费方式都相同。这意味着所有地区的居民都有着相同的消费需求以及相同的消费能力。

(2)通达性一致。同一规模的所有城市,其交通便利程度一致,运费与距离成正比。

(3)消费者都就近购买。供给中心商品的职能,尽量布局于少数的中心地并且满足供给所有的空间(所有居民)的配置形式。消费者就近购物的设定排除了消费者求远求新的特殊情况,符合大概率事件的消费习惯。

1.单一中心商品的中心地的空间结构

在以上假设条件下,克里斯塔勒首先分析了单一中心商品的中心地的形成过程和中心地的空间结构。由于单一中心商品的服务范围有限，比如衣服的服务范围如果为10千米，中心地尽量布局在少数地区，空间上就会形成一个以中心地为圆心、以10千米为半径的市场区域，这是销售单一中心商品(衣服)的中心地的市场区域。由于所有空间的居民具有相同的消费习惯和消费能力，所以这个中心地10千米以外的其他区域也需要有一个同样的中心地，以满足所在地区居民的消费需求。于是整个空间就会产生无数个以10千米为半径的圆形市场区域，以保证所有居民都能得到该服务。这些圆形市场区域相互挤压，形成正六边形市场区域，多个同等级的市场区域相连就构成类似蜂窝状的消费市场，最终在空间上形成了呈正六边形布局的中心地，每个中心地的市场区域也是正六边形(图4-5中K级中心地结构)。

2. 多种商品构成的中心地在空间的布局

当商品服务半径小于已经形成的中心地商品服务半径时，仍然依靠原来的中心地供应，则某些地区得不到该商品，在相邻的中心地市场间出现空白，这时空白区就会出现一个次一级的中心地。例如，如果消费者需要购买面包，由于面包的服务范围只有1千米，则依靠原有中心地，只能保证1千米内的居民可以得到该服务，1千米以外的居民就无法进行面包的购买，为此在1千米以外，就需要出现一个新的次一级的中心地，以满足这个地区1千米范围内居民的面包购买需求(图4-5中A级中心地)。以此类推，在空间上形成一个规模递减的多级正六边形网络模型(图4-5)。

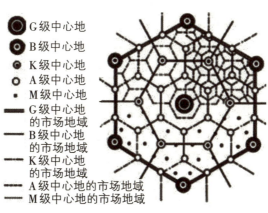

G级中心地
B级中心地
K级中心地
A级中心地
M级中心地
—— G级中心地
　　的市场地域
—— B级中心地
　　的市场地域
—— K级中心地
　　的市场地域
—— A级中心地的市场地域
—— M级中心地的市场地域

图4-5　市场原则基础上的中心地系统示意图

3.克氏考虑三种影响空间分布的因素

以上克氏分析的中心地和市场区域变化是在市场原则基础上形成的中心地系统的空间模型,这种空间模型的规律有两个:一是各中心地的市场区域是其低一级中心地市场区域的3倍大,也就是说等级$m(m>1)$中心地的市场区域内包含着3个等级$m-1$中心地的市场区域;二是从区域内次级中心地开始,中心地的数量关系为低级中心地是其上一级中心地的3倍。

中心地理论揭示了城市规模和数量在空间上的分布规律,该理论也适用于解释商业服务中心分布的数量和服务范围,从图4-5可以看出,要满足所有居民的商品需求,各级服务中心要合理布局。首先,不同等级的服务中心提供的中心商品种类不同,高级中心地提供的商品种类更加丰富,包括所有低级中心地的商品,低级中心地只提供服务范围较小、购买频次较高的商品。其次,低级中心地布局数量最多,但每个中心地的辐射范围较小。高级中心地数量少,但服务范围广大。中心地理论对乡村服务业空间布局具有一定的借鉴意义。

▶ 第六节　绿色发展理论

一　绿色发展概念的起源

绿色发展概念来源于20世纪60年代西方快速工业化后人们对资源、环境、生态、气候变化等种种问题的质疑和反思。1962年,美国女海洋生物学家卡逊出版了《寂静的春天》一书,书中描述了大量使用农药、化肥后对环境所造成的巨大破坏。20世纪60年代末,肯尼斯·鲍尔丁创立了"宇宙飞船"理论,认为人类必须遵循生态循环原理进行生产生活,避免产生废弃物。1972年,罗马俱乐部发表了《增长的极限》,认为由于资源与环境有限,人类最好采用零增长发展策略。1987年,世界环境与发展委员会出版的《我们共同的未来》提出可持续发展概念,强调可持续发展就是满足当代人的基本需求不能以牺牲后代满足其需要的能力的发展。1989年,英国环境经济学家大卫·皮尔斯等人在《绿色经济的蓝图》中首次提出了"绿色经济"的概念,强调通过对资源环境产品和服务进行适当的估价,使经济发展和环境保护基本保持和谐,从而实现可持续发展。联合国开发计划署公布的《2002年中国人类发展报告:让绿色发展成为一种选择》首次明确提出"绿色发展"概念。由此可见,绿色发展理论伴随着可持续发展、低碳经济和循环经济,随着人们对经济活动和资源环境之间关系认识的不断深入,绿色发展不断被赋予新的内容。

二 绿色发展的内涵

绿色发展的内涵较广,有关生态经济、绿色经济、低碳经济、循环经济等内容都包含在绿色发展中。随着绿色发展在实践中的运用,人们对绿色发展的认识也在不断深入。目前关于绿色发展的理解主要包括:①在生态环境容量和资源承载力制约下,通过保护自然环境实现可持续发展;②是传统"时禁"和"节俭"的现代化,是对中国传统自然资源利用智慧的提炼与升华;③强调生态环境也是生产力,改善生态环境就是发展生产力;④是经济、社会、生态三个系统间的协调发展,以合理消费、低消耗、低排放、生态资本不断增加为主要特征,以积累绿色财富和增加人类绿色福利为根本目标;⑤是一个庞大的系统,包括绿色环境发展、绿色经济发展、绿色政治发展与绿色文化发展等诸多子系统。

目前,学术界对于绿色发展的概念并没有进行明确的界定,但是从总体上看,绿色发展是马克思主义人与自然哲学观的中国化,是我国生态文明战略的实践化,是中国传统文化对当代可持续发展观的现代化。绿色发展除了是一种不损害后代满足其需要能力的发展,更多地强调"前人栽树后人乘凉",即通过绿色发展战略实施,发挥人的主观能动性,不断增加人与自然的绿色财富和福利,最终实现人与人、人与自然的可持续发展。

三 绿色发展的实践

2002年,联合国开发计划署发表《2002年中国人类发展报告:让绿色发展成为一种选择》,阐述中国在走向可持续发展的十字路口所面临的诸多挑战,并提出中国应当选择绿色发展之路。2010年6月7日,胡锦涛在中国科学院第十五次院士大会、中国工程院第十次院士大会上,对"绿

色发展"的内涵做了明确阐述:"绿色发展,就是要发展环境友好型产业,降低能耗和物耗,保护和修复生态环境,发展循环经济和低碳技术,使经济社会发展与自然相协调。"2011年3月,全国人大通过的《中华人民共和国国民经济和社会发展第十二个五年规划纲要》,确立了"十二五"期间绿色、低碳发展的政策导向。党的十八届五中全会首次提出绿色发展理念,强调在污染治理、环境保护和绿色发展中,矢志不渝地追求人与自然和谐共生。党的十八大之后,"绿水青山就是金山银山"的绿色发展理念已经成为各地政府和人民的普遍共识。绿色发展理念在各行各业得到贯彻落实,绿色农业、绿色出行、绿色消费等生产和消费领域都在不断践行绿色发展理念,其已经成为人们追求美好生活的目标和行动指南。

▶ 第一节　现代农业概述

一　现代农业内涵

现代农业是在现代工业和现代科学技术基础上发展起来的农业,即采用先进的农业技术和科学管理方法,使农业生产力水平大幅度提高,能够提供大量商品性农产品的生产活动。理解现代农业必须认识到现代农业具有的四个特征:先进的科学技术、科学的管理方法、高生产力水平、高商品性。其中,先进的科学技术、科学的管理方法是现代农业的手段,高生产力水平和高商品性是现代农业的结果。

当然,现代农业的内涵是动态的、历史的、相对的。应用于农业的现代技术和科学管理手段都是相对而言的,比如原有的机械化、电气化、水利化、化学化,随着科学技术的进步逐步演变为科学化、集约化、社会化、商品化。现代农业相较于传统农业更关注环境保护和信息技术的广泛应用。

在我国,现代农业具有更加丰富的内涵。当前,我国的现代农业是健康农业、有机农业、绿色农业、循环农业、再生农业、观光农业的统一,是田园综合体和新型城镇化的统一,产业融合度较高。

二　现代农业特征

1.先进科技广泛应用(生产过程科技化)

现代农业的一个本质特征就是广泛地采用先进的农业科学技术,改

善农产品的品质,降低生产成本,以适应市场对农产品需求优质化、多样化、标准化发展趋势的需要。现代农业的发展过程,实质上是先进科学技术在农业领域广泛应用的过程,是应用现代科技改造传统农业的过程。

2.工业装备普遍采用(生产条件技术化)

现代农业除了采用先进农业技术,还需要大量的现代工业装备的支撑,像钢架大棚以及温室中的温控设备、传感器、自动滴灌设备等,这些设备大大提高了农业劳动生产效率。

3.产业体系逐步完善(社会化、集约化、企业化)

由于现代农业生产效率的提高,剩余农产品增加,农产品加工业随之发展。传统农业只具有提供食物功能,但现代农业还具有休闲娱乐、旅游度假、文明传承、教育教学等功能,可以满足人们多种精神需求,农业产业链条逐步延长。

4.市场化程度成熟(商品化)

现代农业是高度市场化的农业,它的生产以市场需求为导向,生产完全是为了满足市场的需要,市场取向是现代农民采用新的农业技术、发展农业新的功能的动力源泉。现代农业具有很高的商品率,通过市场机制来配置经济资源。所以,现代农业要求建立非常完善的市场体系,包括农产品现代流通体系。离开了发达的市场体系,就不可能有真正的现代农业。

5.生态环境备受重视(生态化)

现代农业在突出现代高新技术的先导性、农工科贸的一体性、产业开发的多元性和综合性的基础上,还强调资源节约、环境保护的绿色性。现代农业因而也是生态农业,是资源节约型和可持续发展的绿色产业,担负着维护与改善人类生活质量和生存环境的使命。

三 现代农业区域类型

(一)基础农产品优势区

基础农产品优势区是指单一性的农业自然资源总量大,主要生产专用农产品,包括粮棉油糖肉等关系国计民生的基本农产品的区域。2017年,我国为确保国家粮食安全和保障重要农产品有效供给所划定的粮食生产功能区和重要农产品生产保护区(简称"两区")就属于基础农产品优势区。

1.粮食生产功能区

我国划定的粮食生产功能区有9亿亩,其中6亿亩用于稻麦生产。以东北平原、长江流域、东南沿海优势区为重点,划定水稻生产功能区3.4亿亩;以黄淮海地区、长江中下游、西北及西南优势区为重点,划定小麦生产功能区3.2亿亩(含水稻和小麦复种区6 000万亩);以松嫩平原、三江平原、辽河平原、黄淮海地区以及汾河和渭河流域等优势区为重点,划定玉米生产功能区4.5亿亩(含小麦和玉米复种区1.5亿亩)。

2.重要农产品生产保护区

同步划定的重要农产品生产保护区有2.38亿亩(与粮食生产功能区重叠8 000万亩)。以东北地区为重点,以黄淮海地区为补充,划定大豆生产保护区1亿亩(含小麦和大豆复种区2 000万亩);以新疆为重点,以黄河流域、长江流域主产区为补充,划定棉花生产保护区3 500万亩;以长江流域为重点,划定油菜生产保护区7 000万亩(含水稻和油菜复种区6 000万亩);以广西、云南为重点,划定糖料蔗生产保护区1 500万亩;以海南、云南、广东为重点,划定天然橡胶生产保护区1 800万亩。

(二)特色农产品优势区

特色农产品优势区是指具有资源禀赋和比较优势,可生产出品质优良、特色鲜明的农产品,拥有较好产业基础和相对完善的产业链条,带动农民增收能力强的特色农产品产业聚集区。2017年,国家发展改革委、农业部(现农业农村部)、国家林业局(现国家林业和草原局)联合印发的《特色农产品优势区建设规划纲要》指出,特色农产品优势区具备以下特征:

(1)比较优势明显,特色主导产业资源禀赋好、种养规模适度、市场化程度高,安全、绿色、品牌产品比例高。

(2)产业融合发展,特色主导农产品生产、加工、储运、销售集群式发展,全产业链开发水平较高。

(3)现代要素集聚,土地、资本、人才、科技、装备等要素集聚,劳动生产率、土地产出率、资源利用率较高。

(4)利益链条完整,企业、协会、农民合作社、农户形成紧密利益联结

关系,合理分享收益。

(5)运行机制完善,形成政府引导、市场主导、主体多元、协会服务、农民参与的齐抓共建、协同推进的发展格局。

当前,全国已经认定的特色农产品优势区共有308个,安徽省入选的特色农产品优势区共有10个,主要特色农产品有亳州中药材、长丰草莓、黄山区太平猴魁、砀山酥梨、霍山石斛、六安瓜片、宁国山核桃、滁州市南谯区和琅琊区滁菊、天柱山瓜蒌籽、天长龙岗芡实。

(三)现代农业园区

在现代农业发展过程中,地方政府会在特定区域集中投入各种农业生产要素以实现农业高产出、高效益,作为农业发展的示范区,这种区域被称为"现代农业园区",又称为"现代农业功能区"。现代农业园区以特定的农业生产活动为背景,以农业、文化资源为载体,以城乡居民为服务对象,围绕生产、加工、示范、观光、休闲、娱乐和教育培训等功能而开发的各类产业特色明显、科技含量高、运行机制活、带动农民增收能力强。现代农业园区种类繁多,不同类型的农业园区有自己的特征。

1.农业产业园

农业产业园是指一定区域内,以规模化种植养殖基地为基础,依托农业产业化龙头企业,聚集现代生产要素建设的集生产加工科技为一体的现代农业园。现代农业产业园第一产业规模较大,具有产业融合发展的技术和服务能力,产业化程度较高,能够实现农业附加值有效增加。

2.农业科技园

农业科技园是以市场为导向,以科技为支撑,具有一定规模的主导产业,有较强的科技研发能力,较完善的人才培养、技术培训、技术服务与推广体系,管理机构健全的农业园区。农业科技园综合效益显著,对周边地区有较强的引导与示范作用。

3.生态农业园

生态农业园是指依托农业和农村资源,运用现代科技成果和手段,根据生物共生或物质循环再生的生态学原理,结合消费者对生态农产品青睐有加的市场需求,以林果粮间作、农林牧结合、桑基鱼塘等农业生态景观为主的农林牧渔业综合利用的农业园区。一般生态农业园都兼具休闲体验功能,综合效益较高。

4.休闲农业园

休闲农业园是指利用田园景观、自然生态及环境资源,结合农林牧渔生产、农业经营活动、农村文化及农家生活,为消费者提供观光、休闲、娱乐和农事体验等旅游活动的农业园区。休闲农业园具有生产美、生活美、生态美等多种美学价值。休闲农业园为追求更好的体验感,多以发展生态农业为主,因此,生态农业园和休闲农业园在生产实践中差别不大。

▶ 第二节　现代农业发展要求

一 高质量农业是发展目标

2017年,党的十九大报告首次提出高质量发展的新理念,标志着中国经济由高速增长向高质量发展转型。党的十九大报告进一步提出了建立健全绿色低碳循环发展的经济体系,为新时代农业高质量发展指明了方向。高质量农业与农业现代化的三个体系相对应,在产业结构、物质装备、农业经营体系三个方面体现新时期特征:

(1)产业结构优化、产业融合度高;

(2)物质装备现代化,绿色发展和数字技术在农业中广泛应用;

(3)农业经营体系实现多种形式的适度规模经营,组织化程度不断提高,最终表现为农业的高质量、高效率、高产出。

二 产业融合发展是路径

产业融合最早起源于罗森伯格对美国机械工具业演化的研究,他认为一些产品功能和性质完全无关的产业采用通用技术,比如钻孔、打磨技术,引起新的机械工具出现,是"技术融合"的结果。20世纪80年代,随着互联网技术和数字技术的发展,传统产业不断数字化,产业融合被定义为"为了适应产业增长而发生的产业边界的收缩或消失"。国内对产业融合的研究起源于21世纪初,早期主要强调高新技术对传统产业的改造,后期逐步侧重产业融合带来的产业边界的模糊。比如国家发展改革

委宏观经济研究院和农村经济司课题组认为产业融合缘起于技术进步和制度创新,导致产业边界模糊化和产业界限重构。

产业融合是指不同产业或同一产业不同行业相互渗透、相互交叉,最终融为一体,逐步形成新产业的动态发展过程。农村电子商务、物流业和乡村旅游业,这些产业的发展均是农业产业化链条不断延伸,在互联网技术、交通运输业加持下形成的农村新产业、新业态。

2015年中央一号文件围绕加大改革创新力度,提出了推进农村一、二、三产业融合发展的意见。2015年12月30日,国务院办公厅印发《关于推进农村一、二、三产业融合发展的指导意见》强调:通过推进农村三产融合发展促进农业增效、农民增收和农村繁荣,为国民经济持续健康发展和全面建成小康社会提供重要支撑。2022年中央一号文件指出要持续推进农村一、二、三产业融合发展,重点发展农产品加工、乡村休闲旅游、农村电商等产业。2023年中央一号文件亦指出要推动乡村产业高质量发展,培育乡村新产业、新业态,包括实施乡村休闲旅游精品工程、实施"数商兴农"和"互联网+"农产品出村进城工程。因此,推进农村一、二、三产业融合发展是推动农村产业高质量发展的根本路径。

(三) 绿色农业是高质量发展的保障

从2002年我国选择绿色发展之路开始,绿色发展理念得到不断完善并付诸实践,绿色发展理念在农业领域的实践就是我国绿色农业的发展。绿色农业定义众多,有学者认为绿色农业是遵循人与自然和谐的原则,把我国传统农业的精华与现代先进科学技术有机结合起来,使植物、动物、微生物融为一体,形成安全、优质、高效和良性循环的生产经营体系。还有学者认为绿色农业是充分利用先进科学技术、先进工业装备和先进管理理念,以促进农产品安全、生态安全、资源安全和提高农业综合经济效益的协同统一为目标,以倡导农产品标准化为手段,推动人类社会经济全面协调可持续发展的农业发展模式。前者强调绿色农业是对传统循环农业的现代化改造,后者强调农业现代化改造后的安全目标。由此可见,绿色农业相比现代农业更注重以下两个方面。

1.循环农业在现代科技装备支持下的再现

中国农业自古提倡精耕细作,循环农业在小农经济中得到普遍推广，随着现代农业生产规模的扩大，循环农业的优势无法发挥出来，只有依赖现代科技装备，才能在更大范围充分发挥循环农业优势，实现人与自然和谐共生。

2.食品安全和食品质量的提高

循环农业只是绿色农业发展的措施之一，实现绿色农业发展还需要对石化农业长期发展带来的生态环境问题进行纠偏，比如实现"一控两减三基本"目标的农业面源污染治理措施，除了农产品产地绿色化措施，还包括农产品生产过程绿色化的相关技术和绿色农产品标准等绿色农业发展内容。

目前，我国绿色农业发展成效显著。根据《中国农业绿色发展报告2022》，2021年全国绿色发展指数为77.53，较上一年提高0.62；全国农用化肥使用量连续6年持续下降，微毒、低毒、中毒农药使用量占比达99%；废弃物回收率达58.6%，畜禽粪污综合利用率为76%，农膜回收率在80%以上；绿色食品、有机农产品有效用标单位总数为27 246家，产品总数为60 254个，同比分别增长10%、8.3%。可见，绿色农业理念已经深入人心，发展绿色农业是人民群众日益增长的美好生活需求之一。

（四）农业科技是动力

"十三五"期末我国农业科技实力持续提升，农业科技进步贡献率突破60%，农作物良种覆盖率稳定在96%以上，农作物耕种收综合机械化率达到71.25%，其中小麦、玉米、水稻三大粮食作物耕种收综合机械化率分别达到97%、90%和84%，基于北斗、5G的无人驾驶农机、植保无人飞机等智能农机进军生产一线。农业科技的发展为农业农村全面发展提供了强劲动能。当前新一轮科技革命和产业变革突飞猛进，科学研究范式正在发生深刻变化，学科交叉融合不断发展，科学技术和经济社会发展加速渗透融合，亟须加快高水平农业科技自立自强，推进体制机制改革创新。我国农业基础还不稳固，粮食供求紧平衡的格局没有改变，结构性矛盾和总量不足问题并存，国家粮食安全的要害是种子和耕地，根本出路在于科技，迫切需要深入推进落实藏粮于地、藏粮于技战略，创新驱动农业农村高质量发展。

（五）新型经营主体多元化

2020年，农业农村部编制的《新型农业经营主体和服务主体高质量发展规划（2020—2022年）》中认定的新型农业经营主体和服务主体包括家庭农场、农民合作社和农业社会化服务组织。

截止到2018年，全国各类新型农业经营主体和服务主体总量超过300万家。其中，家庭农场近60万家，经营土地面积1.62亿亩，年销售农产品总值1 946.2亿元，平均每个家庭农场收入32.4万元；农民合作社达到217.3万家，3.5万家农民合作社创办加工实体，近2万家农民合作社发展农村电子商务，7 300多家农民合作社进军休闲农业和乡村旅游业，平均每个成员二次分配为1 400多元，有385.1万个建档立卡贫困户加入了农民合作社；社会化服务组织数量达到37万个，以综合托管系数计算的农业生产托管面积为3.64亿亩，服务对象数量达到4 630万个（户），实现了集中连片种植和集约化经营，既节约了生产成本，又增加了经营效益，成为推动现代农业发展的重要力量。

随着新型工业化、信息化、城镇化进程加快，农村劳动力大量进入城镇就业，农村2亿多个承包农户就业和经营状态不断发生变化，"未来谁来种地、怎样种好地"问题日益凸显。家庭农场、农民合作社、农业社会化服务组织等各类新型农业经营主体和服务主体根植于农村，服务于农户和农业，在破解谁来种地难题、提升农业生产经营效率等方面发挥着越来越重要的作用。新型农业经营主体和服务主体对市场反应灵敏，对新品种、新技术、新装备采用能力强，具有从事绿色化生产、集约化经营的优势，具有适应新理念、发展农村新业态的能力。新型农业经营主体和服务主体与小农户密切关联，是带动小农户、把小农户引入现代农业发展大格局的重要力量。

▶ 第三节 现代农业发展规划

一 现代农业发展规划目标

现代农业发展规划目标是在对规划区农业发展现状进行分析的基础上,结合现代农业发展规律和上一级区域发展目标制定的。现代农业发展规划目标分为定性目标和定量目标。

定性目标主要是规划区域在规划期内通过项目建设逐步实现农业产业体系、生产体系和经营体系完善与提高。

定量目标主要是对地区农业生产规模、产值、基础设施建设情况、农业科技发展情况、产业融合发展、组织化程度以及绿色农业发展等方面进行规划期的预测和安排。具体指标有:地区农业生产总值,粮食等重要农产品或优势产业的产量或产值;高标准农田面积或占比,农业科技进步贡献率,农作物耕种收综合机械化率;农产品加工业与农业总产值比,休闲农业和乡村旅游业收入,农产品网络销售额;家庭农场、农民合作社、农业社会化服务组织的数量;农产品质量安全例行监测合格率,畜禽粪污综合利用率等。

二 规划区域发展现状分析

1.上一个规划期农业发展情况分析

现代农业发展规划一般是五年或十年规划。规划之前要对上一个规划期的农业发展情况进行归纳分析,作为规划的基础。农业发展情况主要包括:规划期各年的农业生产规模、农业总产值、农业结构、农业布局情况;农业物质技术装备基本情况;品牌农产品和农产品加工企业情况,农业绿色发展情况,农产品质量安全情况,农业生产经营组织情况,依托第一产业发展的新产业、新业态等基本情况。

2.规划区域发展条件和发展环境分析

发展条件和发展环境会随着交通建设、区划调整、国家政策、国内外发展环境变化而不断变化,因此每次规划都需要重新评估该地区的发展

条件和环境。一般可以采用SWOT分析方法。发展条件是来自对规划区域发展农业的基本条件尤其是自然条件、农业基础设施、土地资源、人口资源、区位条件进行优劣分析的结果。发展环境需要分析规划区域与周围地区,尤其是具有集聚功能的中心城市之间在农业发展方面的竞争和合作关系,还需要分析国家政策给农业发展带来的机遇和挑战,同时也要考虑国际关系变化对规划区域进出口农产品产生的影响。

三 现代农业发展规划内容

(一)保障粮食等重要农产品的有效供给

守住谷物基本自给、口粮绝对安全底线是当前的政治责任,因此,现代农业规划首要任务是深入实施国家粮食安全战略和重要农产品保障战略,加强粮食生产能力建设;其次,发展现代畜牧业、推进水产绿色健康养殖,建设一批高产稳产的粮食生产功能区,一批稳定的棉花、油料、糖料作物的商品生产基地以及稳定的设施蔬菜生产基地,因地制宜发展林果业、中药材、食用菌等特色产业以保障重要农产品有效供给,夯实农业农村现代化的物质基础。规划应根据地区农业资源特点和农业结构调整要求提出规划期粮食等重要农产品生产规模。

(二)调整优化农业结构

我国正处于新的发展阶段,农业的主要矛盾已由总量不足转变为结构性矛盾,推进农业供给侧结构性改革,加快转变农业发展方式,是当前和今后一个时期农业农村经济的重要任务。因此,在稳定粮食综合生产能力的基础上,推进种植业结构调整,优化品种结构,发展优质饲草作物,大力发展草食畜牧业,积极发展生态循环农业,因地制宜推广稻田养鱼(虾、蟹)、鱼菜共生等技术,形成粮草兼顾、农牧结合、循环发展的新型种养结构是今后农业发展的方向。规划应根据因地制宜原则提出规划期农业产业结构调整的方向和具体比例。

(三)调整优化农业布局

产业结构的调整对应着农业在空间布局上的变化。粮食生产功能区和重要农产品保护区的划定工作是调整优化农业布局的前提。根据农业农村部颁发的"两区"划定条件,首先划定稳定的粮食生产功能区和重要农产品保护区,在此基础上,根据规划区农业发展条件和资源特点,以及结构优化要求,划定经济作物种植区,建设特色农产品优势区,培育一批特色粮经作物、园艺产品、畜产品、水产品、林特产品产业带。通过对农业发展空间的安排,形成特定农业功能区构成的空间发展格局。

(四)发展农村新产业新业态

农业是基础产业,但也是弱质产业,现代科技和互联网技术的发展,不但改造了传统农业的生产方式,也为农业进一步发挥其社会和生态功能提供了各种可能。农业附加值的提高依赖产业链的延伸,因此规划时应根据地区产业特点和经济发展条件提出延伸产业链、打造供应链、形成全产业链,实现一、二、三产业融合发展的规划目标。具体措施和项目包括农产品加工、农村物流体系建设、乡村休闲旅游、农村电子商务、乡土特色产业做精做优等。

(五)提升农业物质技术装备条件

1.保护耕地、提升质量

通过划定基本农田、实行严格用途管制等耕地保护制度,确保稻谷、小麦、玉米等谷物种植面积的稳定。加强高标准农田建设和农田水利建设,优先推进"两区"范围内的高标准农田建设、骨干水利工程和中小型农田水利设施建设,因地制宜兴建"五小水利"工程,大力发展节水灌溉,打通农田水利"最后一千米"。实施大中型灌区续建配套和现代化改造。推广测土配方施肥、耕地改造和质量提升行动,提升耕地质量。

2.推进农业机械化

农业机械化是加快推进农业农村现代化的关键抓手和基础支撑。农业机械化包括种植业机械化和养殖业机械化。对于粮食及大宗经济作物,着力提升全程机械化生产水平;对于特色经济作物,着力于生产关键环节机械化;对于设施农业,推广环境自动调控、水肥一体化和作物生长信息监测等机械化;构建主要畜禽规模化养殖、水产绿色养殖全程机械化;积极推进农产品初加工机械化;推动绿色环保农机应用;加强机耕道、场库棚、烘干机塔等配套设施建设,发展"全程机械化+综合农事"等农机服务新模式。

3.增强农业防灾减灾能力

加强防洪控制性枢纽工程建设,推动大江大河防洪达标提升,加快中小河流治理,调整和建设蓄滞洪区,完成现有病险水库除险加固。加

强农业气象综合监测网络建设,强化农业气象服务。健全动物防疫和农作物病虫害防治体系,加强监测预警网络建设。发挥农业保险灾后减损作用。

(六)加大农业科技应用力度

近年来,党中央、国务院将发展智慧农业作为实施乡村振兴战略的重要内容。建立和推广应用农业农村大数据体系,推动物联网、大数据、人工智能、区块链等新一代信息技术与农业生产经营深度融合,建设数字田园、数字灌区和智慧农(牧、渔)场。引导新型农业经营主体开展数字化应用,推进种植业、畜牧业、渔业、农产品加工业、林业等生产过程数字化转型升级,加快北斗卫星导航系统和遥感技术在农机作业中的推广应用,加强环境智能监控、水肥药精准施用、重大病虫害智能监测识别、饲料精准饲喂、农产品加工全程智能化控制。因此,规划要根据地区经济发展水平和发展程度提出加强地方农业科技应用的主要措施。

(七)提升农产品质量和效益

通过发展绿色农业、特色农业和品牌农业提升农产品质量和效益。绿色生产除了农产品是"绿色"的,还要推进标准化生产,包括园艺作物标准园、畜禽标准化规模养殖场和水产健康养殖场标准化建设。提出本地区发展"三品一标"农产品的目标并采取具体措施。根据地区农产品质量安全监管状况提出完善监管体系的具体政策措施,提升农产品质量安全水平。加强农产品品牌营销推介,培育一批知名农产品品牌,不断扩大品牌影响力和美誉度。

(八)不断提高农业经营组织化程度

重点发展多种形式的适度规模经营,健全农村经营管理体系,加强对土地经营权流转和适度规模经营的管理服务。培育壮大新型农业经营主体。培育家庭农场,规范农民合作社运营,指导和支持新型农业经营主体与小农户建立利益联结机制,推行保底分红、股份合作、利润返还等方式。健全专业化、社会化服务体系。发展壮大农业专业化、社会化服务组织,培育服务联合体和服务联盟,将先进适用的品种、投入品、技术、装备导入小农户。加快发展农业生产托管服务。改革基层农技推广机构,提升农技推广和服务能力。实施新型职业农民培训民生工程,培养高素质农民队伍。

第四节　现代农业园区发展规划

一　农业科技园发展规划

（一）规划程序

1. 前期准备阶段

了解国家和地方发展农业科技园的方针政策，收集规划区域所在地的基础资料，包括自然条件、社会经济条件，通过现场调研，加强对园区概貌的认识，包括土地现状、基础设施条件、土地利用情况、周边情况，然后对收集到的资料进行整理分析。

2. 规划设计阶段

（1）论证基础资料，编制规划依据。

（2）拟定园区的指导思想、发展目标和建设原则。

（3）明确园区的功能定位、产业规划、项目规划、经营决策等内容。

（4）确定园区的空间布局、用地规模，并进行分区规划。

（5）了解园区外交通的结构和布局，编制园区内道路系统规划方案，包括道路等级、广场、停车场及主要交叉路口形式。

（6）确定园区给排水、供电、通信、供热、燃气、消防、环保等设施的发展目标和总体布局，并进行综合协调。

（7）进行综合技术经济论证，提出实施建议。

（二）规划原则

1. 因地制宜原则

根据农业科技园所在地的地形地貌特点和土地利用现状，结合农业产业链和生态链的特点，因地制宜地布局各个功能区，实现各功能区空间分布的最优化。

2. 科技创新示范原则

农业科技园项目应以科技成果转化、示范和服务为主。例如发展无土栽培、水培技术、物联网技术、连栋温室大棚、各种果蔬栽培技术、新品种以及设施农业成套设备等，应根据园区特点重点发展农业科技或物质

技术装备中的一个技术或数个技术,以形成园区自身的特色。

3.可持续发展原则

保护环境就是保护人类自身的生存空间,农业科技园规划既要注重农业科技园的社会效益、经济效益,也要注重生态效益,借助现代科技手段重点发展循环农业、生态农业和绿色农业,为农业可持续发展提供示范和推广服务。

4.市场导向原则

农业科技园一般投入较大,农业科技的应用成本较高,科技园如果长时间不盈利则难以长期发展下去。因此农业科技园选择的产业既要符合当前世界农业发展趋势,也要从市场需求出发合理布局,实现资源的高效利用,增强农业盈利能力。

5.效益统筹原则

规划时始终以生态效益优先,以社会效益为前提,以经济效益为突破口,走出一条科技含量好、经济效益好、环境友好型的发展道路。

(三)规划内容

1.战略规划

科技园发展战略决定着科技园发展方向和发展道路,甚至决定着科技园发展的成效。一般农业科技园目标定位是以科技创新、制度创新为动力,以市场需求为导向,实现三效益统一。具体园区目标定位可以有所差异,比如农业高新技术成果示范园、农业科技转化和推广改革实验园、农民和农技人员培训综合服务园。

2.产业规划

主要对农业科技园进行功能定位、主导产业选择以及项目设计。

3.功能分区和空间布局

农业科技园主要功能区包括农业科研区、农业高新技术展示区、农业高新技术推广区、农业科技培训区、农业观光和休闲区、综合服务区。

4.硬件规划

作为现代农业园,农业科技园相应的基础设施不仅要完备,而且要体现一定的科技性和先进性。科技园规划需要对园区进行道路系统规划、园林绿化景观系统规划、农业工程设施规划、服务设施规划、市政工

程设施规划。

5.规划保障措施

包括园区的管理体制、运行机制和内部政策保障。园区的管理体制需要明确园区管理主体,选择合适的投资与管理模式,培养造血功能;园区的运行机制包括园区高水平的技术运作机制、创新与人才培养机制、相关主体利益调节机制、多元化投资机制、现代企业管理机制;园区内部政策保障包括园区科技能力建设、科技推广体系建设。

6.规划图纸

在条件具备的情况下,尽可能完成园区的区位图、现状图、总体规划图、近期建设规划图、功能分区图、交通道路规划图、绿地景观规划图、给排水规划图、鸟瞰图、平面图等。

二 农业产业园发展规划

(一)规划原则

1.符合上位规划要求

农业产业园一般位于某行政区域范围内,不仅受该行政区域的总体规划制约,而且与全国的产业发展目标要保持一致。产业园规模一般较大,属于具有一定比较优势的地区农业园区发展类型,是否将某地区划定为产业园,不但要考虑上位规划对该地区的安排和布局,还要符合国家有关政策和市场需求。

2.因地制宜原则

在综合考虑自然条件、经济发展水平、市场需求等因素的基础上,以农业资源环境承载力为基准,因地制宜,宜粮则粮、宜经则经、宜草则草、宜牧则牧、宜渔则渔,构建优势区域布局和专业生产格局,提高农业生产与资源环境匹配度。

3.创新驱动原则

利用现代科技进步成果,改造提升产业,高标准、高起点建设产业园创新机制和业态模式,增强农村产业发展活力。

4.坚持绿色原则

践行"绿水青山就是金山银山"理念,保证产业园生产生活生态协调发展。按照农业高质量标准体系,围绕产地清洁化、投入品减量化、生产

循环化、资源节约化,建设标准化生产基地,培育绿色优质品牌。

5.融合发展原则

发展全产业链模式,推进一产往后延、二产两头连、三产走高端,加快农业与现代产业要素跨界配置。

6.以人为本原则

以农业农村资源为依托,发展优势明显、特色鲜明的乡村产业。把二、三产业留在农村,把就业创业机会和产业链增值收益更多地留给农民。

【知识链接】产业园规划需要了解的相关上位规划

主要包括《全国主体功能区规划》《全国乡村产业发展规划(2020—2025年)》《特色农产品优势区建设规划纲要(2017—2020年)》《国务院关于建立粮食生产功能区和重要农产品生产保护区的指导意见》(国发〔2017〕24号)、《全国蔬菜产业发展规划(2011—2020年)》《全国生猪产业发展规划(2016—2020年)》《全国节粮型畜牧业发展规划(2011—2020年)》《"十四五"全国种植业发展规划》《"十四五"全国畜牧兽医行业发展规划》《"十四五"全国饲草产业发展规划》《"十四五"全国渔业发展规划》,以及各省市级相应规划。

(二)规划内容

1.基础资料分析

基础资料包括:当地农业区发展现状,市场需求,产业目标和技术需求;园区上一层次的规划成果,园区农业结构调整方向;园区性质与规模,园区功能和发展方向,园区发展阶段和发展目标。

2.指导思想和目标

农业产业园规划应以产业为其核心,围绕产业这个核心,展开园区的功能布局、结构组织,并且决定园区的运行模式和运行机制。园区建设要进行明确的功能定位和产业分工,规划要有助于提高园区产业竞争力。

3.功能布局

产业园功能划分主要受土地利用现状、土地利用效益、产业关联度和园区的定性及定位等因素影响。产业园以规模化种植养殖基地为基础,兼具示范推广和观光旅游等社会服务功能,因此产业园主要功能区有核心区、示范区、辐射区、区间景观带、经济轴线以及科技示范推广服务区。同时,要明确各区空间布局、发展目标和建设重点。

4. 产业规划

主要的产业类型有种植业、养殖业、加工业、农产品营销、研发、物流和观光旅游。产业规划需要明确园区的主导产业选择、产业规模、产业链发展思路、产业组织和保障措施、效益分析。

5. 园区运行模式

产业园的最大优势就是聚集了现代生产要素,能够实现农业生产的高投入、高产出和高效益,这就需要对园区的资源、资金、技术、人才等进行有效的管理。因此,产业园的运行离不开管理机构的设置以及一整套适合产业园长期发展的运行机制,包括资金筹措机制、土地流转机制、科技研发与应用推广机制、园区经营机制、风险保障机制等。

6. 基础设施和服务设施规划

相较于其他农业园区,农业产业园具有相对较完善的农业生产条件,包括园区道路、机耕路、水利设施、农业技术推广服务中心等。具有农产品加工能力的产业园还需要考虑配套厂房和设备。

【知识链接】某地国家现代农业产业园概况

某地国家现代农业产业园总面积为21万亩,涉及1座园2个镇17个村。园内入驻加工企业上百家,带动就业人员5 000人。产业园空间布局为"一心四区三基地"。一心,即农业科技创新推广服务中心;四区,即农产品加工区、商贸文旅融合区、茶旅融合区、乡村旅游扶贫示范区;三基地,即地道中药材规范化种植基地、六安瓜片标准化种植基地、生态保育休闲康养基地。

产业园以茶叶、中药材为主导产业,茶产业综合产值21亿元,中药材产值13亿元,两大主导产业占产业园总产值的62%。围绕两大主导产业提质增效,园区内强力推进了基础设施提升、产品绿色增效、农产品加工升级、品牌创建提升、科技试点示范、智慧农业发展、物流商贸提升、休闲文旅拓展、农业经营主体孵化、农产品质量安全等十

大工程。以"生产＋加工＋科技"的发展思路,建有3.5万亩生态茶园和1.6万亩的中药材规范化种植基地,两大主导产业形成了生产、加工、物流、休闲、研发、示范、服务等全产业链一、二、三产业融合发展的格局。围绕主导产业链延伸,农产品加工企业增加到124家。

为全力保障产业园创建,某地政府出台了涉及财政、土地、金融、科技、人才等多方面改革试点政策,完善了组织管理,成立创建工作领导小组、专家咨询委员会,为产业园建设规划、产业发展、政策研究与机制创新等工作提供咨询和指导。

三 休闲农业园发展规划

休闲农业园是比较广义的说法。具有休闲娱乐功能的农业园一般以绿色农产品和生态农产品生产为主,以满足城市居民对健康农产品的需求,因此休闲农业园也被称为"生态农业园"。生态农业园的发展规划原则和规划内容与休闲农业园基本相同。基于我国农业经营形式以家庭为主,当前休闲农业园或生态农业园也被称为"休闲农场""生态农场"。

(一)规划原则

1.因地制宜原则

休闲农业园发展规划要体现"休闲"和"农业"两种功能,但发展何种类型的农业以实现休闲功能,还需要根据当地的自然社会经济条件以及市场需求来规划。

2.协调性原则

休闲农业园如果过分追求旅游而忽视农业本身,会导致农业园发展主次不分,毕竟农业园的旅游功能具有一定的季节性和不确定性,发展农业才是农业园的根本遵循,所以休闲农业园的旅游设施和农业设施的比例要恰当,休闲空间和农业种植空间比例要恰当,以协调旅游和农业关系。

3.突出特色原则

休闲农业园要有自己的特色。当前我国各大城市周围均有各种类型的农业园,一般都具备一定的休闲功能。休闲农业园的消费替代性很强,为了在众多农业园中脱颖而出,就需要结合农业生产活动和城市居民休闲需求打造出自己的特色。

4.经济性原则

把农业和休闲活动结合起来,能最大限度地发挥农业的社会功能和生态功能,最终提高农业的附加值,获得更多的经济收益。基于经济性原则的考虑,休闲农业园的农业生产活动要符合市场需求,休闲活动也要充分考虑城市居民的需要。

5.参与性原则

休闲农业园不同于其他农业园的最大特点,就是依托农业园可以尽可能地开发休闲活动,包括农事体验、采摘、食品制作等,这就要求在农业园发展规划中合理安排游客参与的空间和项目。消费者只有能够参与到农业生产活动中去,才能体现农业园的休闲功能。

6.生态性原则

现代农业园普遍关注生态问题。良好的生态环境是游客愿意多次消费的主要原因。休闲农业园发展规划既要通过有机的农业生产活动安排避免生产过程中可能产生的环境污染,也要通过合理的休闲活动安排避免旅游消费中可能产生的环境污染。

7.文化性原则

文化性是休闲农业园能够持续发展的保障,是休闲农业园的休闲活动吸引游客的灵魂。现代休闲活动仅仅是吃喝玩乐,不足以吸引游客多次消费,只有在游玩中获得文化的熏陶和思想的启迪,甚至是品格性格的塑造,休闲农业园对大多数游客来说才具有持久的吸引力。

8.多样性原则

休闲农业园在进行旅游休闲项目的规划设计时,既要将高科技农业旅游项目和传统农业旅游项目相结合,还要将民俗旅游和现代娱乐健身等多种形式的旅游活动结合起来,为不同层次、不同年龄段的游客提供多种选择。

(二)规划内容

1.功能区规划

功能区要尽量平衡农业生产和休闲旅游活动的关系。按照功能定位,一般休闲农业园包括三个功能区:一是观光休闲区,这是旅游开发的

中心区,具有一定的生产活动,并设计了采摘、野营等休闲项目以及适当的服务设施,比如采摘称重、手工制作等;二是商贸服务区,分布在生产区外围,为游客提供餐饮、住宿、娱乐、购物、停车场和公共卫生间等必要的旅游接待服务设施;三是生产区,生产区限制或禁止游人进入,针对不同的农业项目,可以适当设置合适的游览路线,比如农田观光路线。

2.道路交通规划

道路连接各个功能分区和旅游景点。道路交通规划包括对外交通、内部交通、停车场和交通附属用地。外部交通要保证园区和其他地区,尤其是城市客源地之间的畅通、便捷;内部交通包括主干道、次干道和步游道。内部道路按照农业生产为主、旅游活动为辅的原则进行布局,组织设计各个功能区。

3.农业基础设施规划

农业基础设施规划包括农田水利设施、作物种植设施和畜禽水产养殖场设施。作物种植设施指作物生产和为生产服务的看护房、农资农机具存放场所,以及与生产农产品直接关联的烘干晾晒、分拣包装、保鲜存储等设备设施。畜禽水产养殖设施包括养殖生产及直接关联的粪污处置、检验检疫等设施。这些设施的设计要遵循有利于生产、节约成本的原则进行布局。

4.景观、绿化规划

休闲农业园景观设计既要体现现代农业生产的魅力,又要尊重自然环境和农业生产规律。规划时首先要满足农业种植、生长、收获和运输需要,以农业景观和自然景观为主;其次根据参与性和生态性原则合理规划游览道路、景观和绿化,尊重自然、突出特色,尽量选择地方树种,搭配四季景观树种,同时兼顾动态景观和静态景观,切不可为了美化园区而过分打造景观和绿化。

第六章 农产品加工业发展规划

第一节 乡村工业和农产品加工业

一 乡村工业的内涵

乡村工业是布局于广大农村区域的工业,是与城市工业相对的一个概念,也被称为"农村工业"。早期乡村工业的出现是为了实现农业机械化、电气化,以农业机械的维修及部分配件的生产为主,后在20世纪70年代中后期为满足农村地区消费品不足而迅速发展起来。乡村工业发展初期以"就地取材、就地生产、就地销售"的模式,面向农民和农业提供产品和服务,到20世纪90年代中期,已经达到了全国工业总量的一半。随着我国社会经济发展和进步,当前的乡村工业已经涉足各个轻工业乃至部分重工业,这也导致乡村工业与城市工业的产业和市场定位越来越趋同,乡村工业的原有特色和优势日益削弱。

二 发展乡村工业的意义

党的十九大报告提出,当前我国的主要矛盾已经转化为人民日益增长的美好生活需要和不平衡不充分的发展之间的矛盾。其中不平衡发展主要体现在城乡区域发展和收入分配差距依然较大。依托农村资源发展起来的乡村工业既可以解决剩余农产品问题,也可以延长产业链,提高农业附加值,还可以为农村居民提供离土不离乡的就业机会。因此,发展乡村工业对于提高农村区域发展的质量和速度,提高农民物质文化水平和质量,缩小城乡差距具有重要意义。

实际上,农村地区具有比较优势的产业还是农产品加工业。农产品加工业联结工业和农业,沟通城市和乡村,惠及企业和农户。《全国乡村产业发展规划(2020—2025年)》中指出农产品加工业是国民经济的重要产业,农产品加工业从种养业延伸出来,是提升农产品附加值的关键,也是构建农业产业链的核心。该文件还从完善产业结构、优化空间布局、促进产业升级三个方面对提升农产品加工业提出了相应措施。

三 我国农产品加工业发展现状

2017年,我国农产品加工业主营业务收入为22万亿元,占工业总产值的19.8%,与农业产值之比达到2.3∶1,规模以上企业达8.1万家,年销售收入过亿企业超过3.7万家。2022年,规模以上农产品加工企业已达9万家,营业收入超19万亿元。农产品加工业联结工农,沟通城乡,亦工亦农,是为耕者谋利、为食者造福的重要民生产业。

经过多年努力,我国农产品加工业取得了长足发展,但产业大而不强、发展不平衡不充分的问题仍然很突出,离满足城乡居民美好生活需求还有较大差距。主要表现为加工业与种养业规模不匹配、加工产业结构不合理、内生增长动力不足、创新能力不强、发展质量和效益不高,特别是企业规模偏小、管理水平较低、产业链条短、技术装备水平不高、高质量产品供给不足、优质绿色品牌加工产品缺乏等。

目前,我国经济已由高速增长阶段转向高质量发展阶段,正处在转变发展方式、优化经济结构、转换增长动力的攻关期。大力实施农产品加工业提升行动,优化空间布局,促进产业升级,支持建设一批农产品加工园、农产品加工技术集成基地,这对于促进加工业转型升级、实现高质量发展、深化农业供给侧结构性改革、加快培育农业农村发展新动能、促进农民持续稳定增收、提高人民生活质量和健康水平、促进经济社会持续健康发展都具有十分重要的意义。

第二节 农产品加工业发展规划

一 规划编制原则

1.面向市场

充分发挥市场在资源配置中的决定性作用,激活要素、激活市场、激活主体,以乡村企业为载体,引导资源要素更多地向乡村汇聚。

2.发挥优势

正确分析区域的优势和劣势,确定农产品加工业发展方向,充分利用资源优势和农产品生产优势,将地区资源优势转化为经济优势。

3.因地制宜、适当集中

因地制宜发展农产品加工业,引导农产品加工企业从分散布局向集群发展转变,延长企业产业链、提升价值链、完善利益链,推动农产品加工业与农村其他产业深度融合。

4.绿色发展

把绿色发展作为指导产业可持续发展的主攻方向,引导产业由资源消耗型向环境友好型转变。建立低碳、低耗、循环、高效的绿色加工体系,促进增效、增绿、增收,实现经济效益、社会效益、生态效益有机统一。

二 规划目标

发展农产品加工业的主要目标是延长产业链,提高农产品附加值,并为农村居民提供离土不离乡的就业机会,促进乡村振兴。具体目标可以通过三个方面来体现。

1.农产品加工业规模

通过发展农产品加工业,提高农产品加工转化率和农产品加工业总产值与农业总产值的比值,促进规模以上农产品加工业主营业务收入不断增加。

2.结构布局

通过农产品加工业合理布局和调整,农产品加工业结构、布局得到

进一步优化,产业集中度和企业聚集度明显提高,规模以上企业数量显著增加,初加工、精深加工、综合利用加工和主食加工协调发展。

3.质量品牌

打造出一批具有广泛影响力和持久生命力的知名农业加工品牌,生产出更多营养安全、美味健康、方便实惠的食品和质优、价廉、物美、实用的农产品加工产品,高附加值产品供给比重显著增加。

三 规划内容

1.选择主导产业

根据地区资源优势和特点,选择农产品加工业种类。可以发展农产品产地初加工。粮食主产区可以发展粮食,特别是玉米深加工。针对当前的快餐消费需求,生产营养、安全、美味、健康、方便、实惠的传统面米、马铃薯等薯类、杂粮、预制菜肴等多元化主食产品,或开发生产功能性及特殊人群膳食相关产品。也可以针对农业生产过程中的废弃物,开展秸秆、稻壳、米糠、麦麸、饼粕、果蔬皮渣、畜禽骨血、水产品皮骨内脏等副产物梯次加工和全值高值利用。

在条件允许的情况下,发展农产品精深加工,提高附加值。打造乡村产业发展高地,加强精深加工基地建设。鼓励县域发展农产品精深加工,建成一批农产品专业村镇和加工强县。

2.优化农产品加工业布局

在粮食生产功能区、重要农产品生产保护区、特色农产品优势区,按照"粮头食尾""农头工尾"要求,集中政策、要素、服务和各类农产品加工企业,建设一批专用原料基地,形成有企业带动、有科技引领、有服务配套的农产品精深加工园区。在农业产业强镇、商贸集镇和物流节点布局劳动密集型加工业,促进农产品就地增值,带动农民就近就业,促进产镇融合。在工贸村、"一村一品"示范村发展小众类的农产品初加工,促进产村融合。

如果规划区距离大中城市较近,可以围绕城市快餐门店,布局中央厨房、主食加工、休闲食品、方便食品、净菜加工和餐饮外卖等加工业,发展"中央厨房＋冷链配送＋物流终端""中央厨房＋快餐门店""健康数据＋营养配餐＋私人定制"等新型加工业态。

3.优化升级农产品加工设备

鼓励各地根据农业生产实际,加强初加工各环节设施的优化配套。对于新型经营主体,重点发展产地初加工,鼓励支持新型经营主体发展农产品保鲜、储藏、烘干、分级、包装等初加工设施,鼓励建设粮食烘储中心、果蔬加工中心,减少产后损失,提升商品化水平;积极推动初加工设施综合利用,提升初加工全链条水平,加快农产品冷链物流发展,实现生产、加工、流通、消费有效衔接;对于农产品精深加工示范基地,注重推动企业技术装备改造升级,开发多元产品,延长产业链,提升价值链。

4.发展绿色加工,保护环境

鼓励节约集约循环利用各类资源,引导建立低碳、低耗、循环、高效的绿色加工体系,形成"资源—加工—产品—资源"的循环发展模式。适宜地区可以建设太阳能干燥、热泵干燥等高效节能环保的技术装备。促进农产品冷藏库、烘干房等初加工设施的"一库多用"、"一房多用"、长年使用,提高已建农产品产地初加工设施的使用效率。支持农产品加工园区的循环化改造,推进清洁生产和节能减排,引导企业建立绿色工厂,加快应用节水、节能等高效节能环保技术装备。促进综合利用企业与农民合作社等新型经营主体有机结合,调整种养业主体生产方式,使副产物更加符合循环利用要求和加工标准;鼓励中小企业建立副产物收集、处理和运输的绿色通道,实现加工副产物的有效供应。

第三节　乡村工业园发展规划

一　乡村工业园含义

乡村工业园是指以工业发展为核心,依托乡镇集中组织,合理布局农村工业企业和相关产业链的特定区域。近年来,我国乡村工业园区化、集群化的趋势日益明显。许多地方以特色产业为主体,以骨干企业为龙头,把相关配套企业聚集到专业园区和专业市镇,形成具有特色的专业村、专业镇和工业园区。

我国乡村工业发展的一个重要制约因素是布局分散,往往是"村办

企业在村里,镇办企业在镇上",许多在村镇孤立发展的乡镇企业既无法共享基础设施,也缺乏发达的分工协作网络,从而制约了企业的进一步发展。因此,在农村地区的中小企业可以通过发展产业集群,建立起彼此之间的信任感和长期的、稳定的合作关系,培育出区域创新网络和生产协作网络,克服以往"小而全""小而散"的弊端,最终形成有活力的"蚁群经济"。

二 规划内容

(一)引导加工产能向"三园"聚集发展

在"三区"(粮食生产功能区、重要农产品生产保护区和特色农产品优势区)大力建设规模种养基地,发展产后加工;引导加工产能向"三园"(现代农业产业园、科技园、创业园)聚集发展,鼓励企业向前端延伸,带动农户、合作社、家庭农场等新型农业经营主体建设原料基地,向后端延伸建设物流营销和服务网络;在主产区鼓励农产品就地就近加工转化增值,在大中城市郊区发展主食、方便食品及农产品精深加工产业,打造产业发展集群。

综合考虑产业基础、仓储物流、道路交通等因素,推动原料生产、精深加工、体验展示、物流销售等有机衔接,坚持集聚和融合互动发展,打造集专用品种、原料基地、加工转化、现代物流、便捷营销为一体的农产品加工园区,培育标准化原料基地、集约化加工园区、体系化物流配送和营销网络"三位一体"、有机衔接、相互配套、功能互补、联系紧密的农产品加工产业集群。

在农牧渔业大县(市),每县(市)建设一个农产品加工园。不具备建设农产品加工园条件的县(市),可采取合作方式在异地共同建设农产品加工园。区位优势明显、产业基础好、带动作用强的地区可以建设一批国际农产品加工产业园,对接国际市场,参与国际产业分工。

(二)建设乡村工业园基础设施

工业园区的基础设施可分为硬件基础设施和公共服务平台两大部分。硬件基础设施既包括一般的硬件基础设施,如所谓"九通一平一厂一站",即通供水、排水、电网、公路、铁路、通信、供热、供气和雨污管网,达到场平,建立固废处理厂和消防站,同时也包括与产业相关的硬件基础设施。公共服务平台主要包括科技服务、金融服务和教育服务平台。工业园区基础设施水平越高,与外界的交流能力越强,就能更好地与外界产生联动效应,从而推动自身发展。同时,工业园区的基础设施也会带动周边农村、城镇的综合全面发展。因此,各工业园区从建立之初就应致力于高标准、高起点的基础设施建设,以便实现节约自身成本及发挥辐射影响的双重作用。

(三)制定乡村工业园保障措施

1.土地保障

土地流转是城市化的必然趋势,而工业园区作为城市空间拓展的一种重要方式,必须占用农村土地。要进一步深化农村改革,完善要素市场,充分发挥市场在资源配置中的决定性作用。加快农村承包土地确权颁证,完善土地所有权、承包权和经营权分置办法,健全土地经营权流转市场。深化农村集体建设用地制度改革,加快形成城乡一体的土地市场。

2.资金保障

园区建设管理中应积极拓宽投融资渠道,如股权融资、债权融资,充分发挥市场机制作用,实现多元化的投融资格局。支持农业产业化龙头企业与农户建立紧密的利益联结机制。可以采取"土地入股"的形式,一方面农民对土地权属不变,能够参与企业盈利分红,在园区就业还能增加收入;另一方面企业节省了一大笔征地费用的支出,有利于解决融资问题。

3.组织保障

各级农业部门要站在社会经济发展全局的高度,充分认识农产品加工的重要意义,把加快发展农产品加工业作为促进地区经济发展的重大举措给予高度重视,纳入当地国民经济发展规划和农业农村经济发展规划。统一思想,加强领导,理顺部门分工,密切协作配合,调动社会力量,确保各项任务落实到位。

4.政策保障

国家和地方对农产品加工园的建设要有一定的鼓励与补贴政策。包括明确农产品加工支持内容和范围,各类开发资金的使用向农产品加工园倾斜,尤其是粮棉油糖等重要农产品初加工机械享受农机购置补贴、初加工用电享受农用电优惠等政策。

第七章

乡村新型服务业发展规划

第一节 乡村新型服务业概述

一 乡村新型服务业内涵

乡村新型服务业就是农村第三产业。早期主要指农村经济中除农业、工业和建筑业以外的行业,包括批发零售业、交通运输业、物流仓储业、金融保险业、住宿餐饮业以及农村教育、医疗卫生、社会福利、科技服务、公共管理等行业,是为农村生产和居民生活提供服务的部门,是连接生产与消费的桥梁和纽带。随着我国进入新的发展阶段,农村社会经济条件发生显著变化,人多地少的局面不复存在,科技对农业的贡献率不断增加,农业生产经营主体多元化格局形成,农业生产结构和功能多样化,逐渐涌现出农业社会化服务、科技推广服务、乡村旅游、农产品电子商务等新型农村服务业态,因此当前农村的第三产业又被称为"乡村新型服务业"。

乡村新型服务业是在传统农村服务业基础上创新发展起来,将新技术、新平台、新载体和现代服务理念通过多种方式、多个环节融入农业再生产和农村经济社会发展中的产业。乡村新型服务业可分为生产性服务业、生活性服务业和综合性公共服务业,也可以分为经营性服务业和公共服务业。经营性服务业以市场调节为主;公共服务业以政府调控为主,需要规划指导。

二 乡村新型服务业的特点

相对于城市,多数乡村新型服务业经营主体规模小、投资少、税收贡献小、品牌影响力弱,以市场调节为主,自发形成,其发展不受重视,边缘化特征明显,难以满足农业农村现代化发展对服务业的要求,因此需要加强统筹规划和管理。对于经营性服务业,政府通过创建市场环境,充分发展市场机制,以引导服务企业提供优质服务为主。对于公共服务业,政府通过统筹规划,合理安排公共基础设施和公共服务设施建设,满足农村居民服务需求。因此,经营性服务业发展规划和公共服务业发展规划是乡村新型服务业发展规划的主要内容。

随着收入水平的提高,城乡居民消费层次不断升级,更关注绿色健康食品,服务消费和精神消费增加。首先,城乡居民消费对农产品品质和多元化要求越来越高,农产品的消费需求日益多样化、健康化,互联网技术的普及为城乡居民获得丰富多元化的农产品提供了可能,也催生了农村电子商务和农村物流产业的发展。其次,城市的喧嚣和巨大的工作压力,也让城市居民向往拥有优美自然环境和乡村气息的农村,乡村旅游业蓬勃发展。乡村旅游、电子商务、农村物流产业都是依托农业农村资源优势、三产融合发展的结果,涉及公共服务领域,不能仅仅依靠市场进行调节,仍需要政府的宏观指导、统筹规划和有效管理。

三 新型服务业发展方向

(一)提升农业生产性服务业

1.扩大服务领域

当前,我国农业生产发展越来越趋于机械化、标准化及规模化。而服务领域的拓展需要与农业生产发展趋势相适应,要提供适合当前我国农业生产发展的服务。否则会导致本末倒置,服务无法满足农业生产的要求。

2.服务内容多样化

可以是以农业生产为主的服务,例如土地托管、农技推广、烘干收储、代耕代种等各种类型的服务;也可以是产前产后服务,如给农户提供市场信息、供应农资、科学合理地利用农业废弃物资源、维修农业生产的

设施设备、拓宽农产品的营销渠道等服务。

3.提高服务水平

鼓励各类服务主体提升服务水平,延伸服务网点,让基层的乡村也能享受到农业生产的服务,包括调动新型农业经营主体的主动性,鼓励其在城镇设立服务网点,促进鲜活农产品的直销;推进生产和销售的对接,促进产销对接形式的多样化,增加农产品的销售渠道,提高农产品的销售额,提升农业经济的收益。引导大型农产品加工流通企业开展各类型的服务,提供农业生产个性化服务或连锁服务,开展农业托管服务或者专项服务,提升综合配套服务的质量,为农业生产提供更多类型服务。

(二)拓展生活性服务业

1.拓展服务内容

生活性服务内容非常广泛,包括衣食住行等满足居民物质生活质量提高要求和法律咨询、文化演出、卫生保洁、信息咨询、养老护幼、体育健身等满足居民精神生活质量提高要求的乡村服务。其中,卫生保洁、养老护幼、体育健身的服务属于农村居民日常需求,特别要加以重视。

2.创新服务方式

充分利用网络技术开展"线上交易＋线下服务"的新服务模式,拓展绿色服务、定制服务、共享服务、体验服务、智慧服务等不同类型的服务。建设在线服务平台,促使服务更便捷,而且服务平台的内容也不局限于农业生产服务,可以拓宽到体育、娱乐、教育、健康、家政等各个领域,改造升级传统的服务业,为乡村农民提供便捷高效的服务,从本质上改善农民的生活质量。

(三)优化综合性公共服务业

统筹考虑"硬性"基础设施建设与"软性"公共服务供给情况,注重卫生、教育、交通、供水供电、信息网络等基础设施建设,以及医疗卫生、教育文化、社会保障、环保生态、物流网络、应急管理等公共服务供给,提升乡村综合性公共服务能力。发展方向要注意由基本保障转向优质供给。要不断完善环卫、道路交通、电力水利、通信这些与生产性服务业及生活性服务业发展有密切关系的基础设施,并提质升级。加强医疗教育、生态环境治理、物流网络构建及应急管理体系建设,为农村构筑良好的产业生态环境,引导更多主体参与乡村服务业新业态、新模式的发展过程,助力乡村振兴。

▶ 第二节　公共服务业发展规划

一　公共基础设施建设

农村居民点的公共基础设施主要包括供水、供电、道路、通信、绿化、环境卫生以及生产配套设施。

1.完善交通运输体系

推进农村公路建设项目更多向进村入户倾斜,统筹规划和建设农村公路穿村路段,兼顾村内主干道功能。推进人口密集村庄消防通道建设。深化农村公路管理养护体制改革,落实管养主体责任。完善交通安全防护设施,提升公路安全防控水平,强化农村公路交通安全监管。推动城乡客运一体化发展,优化农忙等重点时段农村客运服务供给,完善农村客运长效发展机制。

2.提升供水保障水平

合理确定水源和供水工程设施布局,加强水源工程建设和水源保护。实施规模化供水工程建设和小型供水工程标准化改造,提高农村自来水普及率。鼓励有条件的地区将城市供水管网向周边村镇延伸,不具备互联互通的村落要建设小型供水设施、水塘及饮用水的净化处理和排水设施,完善污染防治和灾害防治措施。建立合理水价形成机制和水费收缴机制,健全农村供水工程建设运行和管护长效机制。加强农村消防用水配套设施建设。完善农村防汛抗旱设施,加强农村洪涝灾害预警和防控。

3.加强清洁能源建设

提高电能在农村能源消费中的比重。因地制宜推动农村地区光伏、风电发展,推进农村生物质能源多元化利用,加快构建以可再生能源为基础的农村清洁能源利用体系。强化清洁供暖设施建设,加大生物质锅炉(炉具)、太阳能集热器等推广应用力度,推动北方农村冬季清洁取暖。

4.建设物流体系

完善县、乡、村三级物流配送体系,构建农村物流骨干网络,补齐物流基地、分拨中心、配送站点和冷链仓储等基础设施短板,加大对公用型、共配型场站设施的政策支持力度。改造提升农村寄递物流基础设施,推进乡镇运输服务站建设,改造提升农贸市场等传统流通网点。打造农村物流服务品牌,创新农村物流运营服务模式,探索推进乡村智慧物流发展。

5.合理布局公共基础设施

农村公共基础设施包括供水、供电、道路、通信、绿化、环境卫生以及生产配套设施。其中供水、供电、道路、通信、绿化、环境卫生属于线状设施,适合布局在同一条轴线上。通过合理规划空间走向,既可以串联农村居民点各家各户,又可以和城镇公共基础设施互联互通。生产配套设施要考虑农业生产现状,和农业生产发展水平相当,为农业生产的机械设备收储提供场所,不仅要考虑整个集体经济组织的存放需要,也要考虑农业生产者家庭存放需要,而且要为将来农业生产配套设备升级提供存放可能。

二 公共服务设施建设

1.提高农村教育质量

多渠道增加农村普惠性学前教育供给,完善普惠性学前教育保障机制。继续改善乡镇寄宿制学校办学条件,保留并办好必要的乡村小规模学校,在县城和中心镇新建及改扩建一批普通高中、中等职业学校。把耕读教育和科学素质教育纳入教育培训体系。支持县城职业中学等学校根据当地产业发展需要试办社区学院。加强乡村教师队伍建设,推进县域内义务教育学校校长教师交流轮岗,支持建设城乡学校共同体,加快发展面向乡村的网络教育建设。

2.全面推进健康乡村建设

加强乡村基层医疗卫生体系建设,提升村卫生室标准化建设和健康管理水平,提升乡镇卫生院医疗服务能力。加强县级医院和妇幼保健机构建设,持续提升县级疾控机构应对重大疫情及突发公共卫生事件能力;加强乡村医疗卫生和疾控人才队伍建设,加大农村基层本土全科医生人才培养力度,推动乡村医生向执业(助理)医师转变;加快县域紧密型医共体建设,实行医保总额预算管理,强化基本医保、大病保险、医疗救助三重制度保障功能;加强出生缺陷防治知识普及和健康教育;加快完善乡村公共体育场地设施。提高农村人口基本医疗卫生保障水平,逐步完善全生命周期健康服务能力。

3.完善农村养老服务体系

健全县、乡、村衔接的三级养老服务网络,推进村级幸福院、日间照料中心等建设,推动乡镇敬老院升级改造。借助村级卫生服务站、居家养老服务中心、文化礼堂等,开设多功能厅、影音室、老年食堂等服务场所,以提高居家养老服务水平。发展农村普惠型养老服务和互助式养老,加大居家养老支持力度。

4.提升村级综合服务能力

加强村级生活服务设施建设,完善便民服务设施。制定村级公共服务目录和代办政务服务指导目录,提供就业社保、社会救助、卫生健康、法律咨询等公共服务。发展农村普惠性托幼服务,健全农村留守儿童、妇女、老年人、残疾人以及困境儿童关爱服务体系。加快推动乡镇社会工作服务站建设,吸引社会工作人才提供专业服务。加强农村公益性殡葬设施建设。

5.合理布局农村生活服务设施

农村生活服务设施包括教育、科技、医疗、体育、文化、行政管理、邮政电信和商业金融等。其中商业、教育、健身和文化属于村级服务内容,其服务设施应就近布局;而邮政电信、医疗、科技、行政管理等服务设施服务频率较低,可布置在中心集镇。集镇是镇(乡)政府所在地,人口比较集中的地区,是乡镇全域的经济中心,甚至对其他乡镇的村具有很强的服务能力,各项基础设施和服务较为齐全;中心村是村委会或农村集体经济组织所在地,生活服务设施的服务功能较为简单,主要是村委会和公共文化、体育场所,距离乡镇较远的中心村也可以设置邮政和快递服务网点,为本村及周围村的居民服务;基层村介于中心村及自然村之间,通常为若干个村民小组的集聚地,基本没有生活服务设施,可设置规模较小的公共文化和健身场所。合理布局农村生活服务设施能够更加便捷地满足农村居民日益增长的美好生活需要。

第三节　乡村旅游业发展规划

一　乡村旅游业内涵

　　乡村旅游业资源包括农业资源以及乡村范围内具备休闲、观光、保健、娱乐、陶冶情操等旅游功能的自然和社会人文要素。我国乡村旅游资源非常丰富，全国旅游景区的70%左右位于农村地区。近年来，随着居民收入水平的提高，乡村旅游逐渐成为城市居民旅游消费热点。发展乡村旅游经济，不但有助于开发农村资源，推动农村基础设施改善，还可以提供更多的就业机会，增加农民收入，是实现乡村振兴战略目标的重要途径。

二　乡村旅游业特点

1.自然风光的原生态性

　　虽然乡村旅游的项目很多，可以是农业资源、民俗文化、乡村特色和乡土风情，但对旅游者最具吸引力的是自然风光的原生态性。乡村旅游的消费者大多来自城市，城市居民长期居住在钢筋水泥的人造空间中，加之城市生活压力大，对自然的天然亲近感驱使他们向往农村，希望在纯粹的自然环境中放松心情、寻找自我。

2.传统文化的体验性

　　城市的形成历史较短，相比较而言，农村地区是传统文化保留比较完善的地区。传统文化蕴藏着朴素的价值观、伦理观、道德观、自然观，不但体现在日常人与人交往的行为准则上，也体现在民族节日、生产方式以及民居建筑上。农村传统文化是一种既有特色又充满活力的文化资源，由于农村人口的流失，农村传统文化传承出现断裂，但农村传统文化具有教化民风、凝聚人心、激发民族自豪感的力量，这些特点激发了城市居民到乡村体验、感受和认识传统文化的兴趣。

3.消费的重复性

　　乡村旅游景点大多位于城市周边地区，是市民周末甚至节假日休闲娱乐的主要选择。一般一至两日便可以完成一次旅游消费体验,有些景点由于位于郊区,半天时间也可以完成,因此乡村旅游消费的重复性很高。这就要求乡村旅游活动内容要丰富多彩,即各乡村旅游景点的旅游项目要有自己的特色,不能千篇一律;而且同一旅游景点的旅游项目也要根据季节不断调整,满足市民多种消费需求,以实现乡村旅游业的可持续发展。

三 乡村旅游业发展规划原则

1. 产业为基,协调发展

广义的乡村旅游业包括休闲农业以及农村区域内的所有旅游活动,乡村旅游又是现代农业社会服务功能的体现,因此乡村旅游业的发展离不开农业产业的发展。旅游消费具有一定的周期性甚至是不确定性,农业等相关产业是地区经济发展的基础。因此,发展乡村旅游业切不可本末倒置,必须以产业为基础,促进交通、住宿、餐饮、环境、文化教育等其他相关产业的协调发展,才能有助于乡村旅游业的可持续发展。

2. 生态优先,绿色发展

旅游业发展必然带来相应的客流和消费,对农村生态环境会产生一定的干扰,只有从生态优先的角度,统筹考虑资源环境承载能力和发展潜力,合理规划旅游景点、线路,适度开发旅游资源,才能有助于协调旅游和环境的关系,实现乡村旅游业的可持续发展。

3. 注重特色,创新发展

乡村自然景观差异不大,但各地文化差异明显,只有赋予乡村旅游资源地区文化特色,根据市场需要和现代城市居民的消费特点,充分运用数字化和信息化,对传统乡村旅游资源进行开发和创新,形成特色和品牌,才能够实现乡村旅游业的可持续发展。

4. 因时因地,求是发展

我国仍处于社会主义初级阶段,不平衡不充分发展仍是常态。不同地区乡村旅游发展条件不同、发展水平有差异,乡村旅游业发展规划也要根据地区情况有所侧重,安排不同发展阶段的建设项目和任务,由点及线及面分期建设,逐步实现规划目标。

（四）乡村旅游发展规划内容

1.规划依据

包括规划区域的旅游资源分布现状、旅游市场分布、旅游业发展现状，县以上各行政区域城市总体规划中旅游规划安排，县以上行政区域的旅游业发展规划甚至是乡村旅游业发展规划，旅游管理部门发布的相关政策和文件。

2.规划理念

将"创新、协调、绿色、开放、共享"新发展理念具体化，同时，针对不同地区乡村旅游资源特点、经济发展水平和旅游市场规模，各地还要根据实际发展条件、发展阶段和建设重点，提出相应的旅游业发展理念。

3.规划目标

乡村旅游业发展规划目标既有定性目标，也有定量目标。定性目标是该规划区乡村旅游的市场定位，一般根据规划区的区位条件、资源禀赋条件以及在更大区域规划中的定位进行考虑。定量目标是定性目标的量化，可以是规划期末地区乡村旅游人数和旅游收入达到的水平，也可以是地区旅游资源创建水平，比如达到乡村旅游示范点和各等级民宿的数量。

4.空间布局

乡村旅游空间组织要从点、线、面三个方面进行打造和规划。

（1）特色旅游景点建设。消费者往往会因为一个景点或景区而前往某地，这种旅游景点往往是具有很强吸引力的自然景观或人文环境。因此，因地制宜地开发乡村旅游景点，体现区域个性特征至关重要。旅游景点建设要和产业发展、人居环境改善等建设项目有机结合。地区乡村旅游景点开发要保持本土特色和个性化原则，同时避免遍地开花和低质量开发，以做出精品和品牌为目标，以特色旅游景点带动区域乡村旅游发展。

（2）旅游线路规划。乡村旅游景点是城市居民和外地游客短途旅游或节假日放松休闲的场所，因此旅游线路安排以方便游客快速进出景点为目的，包括规划便捷的道路系统，安排多种形式的交通方式。区域吸引力较强的旅游景点或景区大多分散布局，合理安排旅游线路可以构建一定特色的景观轴线，以形成集聚效应和品牌效应，促进地区乡村旅游业的发展。

（3）旅游功能区布局。合理的旅游线路将规划区具有吸引力的旅游景点串联起来，形成具有一定功能的旅游区。对于较大的区域，根据旅游资源特色，可以形成几个旅游功能区，各功能区应具有一定的差异化和互补性。

5.建设项目

建设项目的安排应着眼于消除规划区乡村旅游发展的制约因素，或者发挥地区资源优势。一般来说，制约因素主要有以下四个方面：

（1）农村基础设施建设不完善，包括道路交通、住宿、餐饮、停车以及环境等不能满足游客需求或不能满足旺季旅游需求。建设项目应着重于完善农村基础设施建设，提高基础设施服务质量。

（2）旅游管理人才和服务人员素质不高，游客不能获得高质量的旅游服务，多是一次性旅游。建设项目应着眼于引进和培养旅游管理人才，加强对旅游从业人员的服务技能培训，改善服务质量。

（3）乡村旅游资源品质优良，但是知名度不高，宣传手段落后。建设项目应着眼于农村旅游品牌的建设和宣传。

（4）各地乡村旅游发展差异较大，有些地区发展相对成熟，而有些地区仍处于初级发展阶段，经营模式和管理水平相对比较粗放，因此加强乡村旅游市场管理和监督也是建设的重点。

发挥地区资源优势的建设项目主要包括：重点景点、景区的开发与建设，乡村旅游示范点和各级民宿的打造，乡村旅游轴线和旅游功能区的建设及完善等。

【知识链接】某县乡村旅游发展规划中的空间布局

按照"以点串线，连线成片"的建设思路，全域形成融生态农业、田园风光、农村体验、民俗文化、休闲度假为一体的乡村旅游体系。其中北部依托粮油生产基地，形成以乡村田园风光和民俗特色文化为主题的六衖—仙踪精品旅游、郁金香高地—长山—昭关温泉—褒禅山精品休闲游；中部依托环城生态观光体验农业项目，形成以梅

山、国华、林海等生态农业园为核心的环城精品旅游(茅林、巨福观光走廊);南部依托大渔滩现代农业示范园、渔业资源和漕运文化形成兼具历史文化休闲特色的大渔滩运漕旅游和太湖山、凌家滩旅游。

第四节　农村电子商务发展规划

一　农村电子商务内涵

　　农村电子商务(简称"农村电商")是我国电子商务的重要组成部分,是指农村地区通过互联网等信息网络销售商品或者提供服务的经营活动,是数字经济和实体经济相结合的产物。农村电子商务包括城市商品进村和农村商品出村两个流向的商务活动。这两种商务活动对应于我国"快递进村"和"互联网＋"农产品出村进城两大工程。2014年国家邮政局启动了"快递下乡"工程;2020年国家邮政局印发了《快递进村三年行动方案(2020—2022年)》,提出建设重点是乡村快递物流体系的建立和完善,到2022年符合条件的建制村基本实现"村村通快递";2020年农业农村部牵头实施了"互联网＋"农产品出村进城工程,截止到2021年底已完成了110个县的试点建设任务;2022年中央一号文件进一步提出了"数商兴农"工程,这是农村电商的升级,即通过数字技术和数据要素赋能农村商务发展,全面提升农村商务领域数字化、网络化、智能化水平,提升电商与快递物流协同发展水平、农产品可电商化水平,推动农村电子商务高质量发展,进而支持和促进农业农村的生产发展、生活便捷和乡村产业振兴。

二　农村电子商务特点

1.电子商务经营主体规模小

　　由于农村生产经营主体和消费主体相对分散,一定区域内的电子商务交易量不多,难以形成具有一定规模的经营主体。为此,可以依托农超、供销社、农村银行卡助农服务网点、村邮站等服务网点来发展农村电子商务服务站。

2.生鲜农产品流通量大

农村是农产品的主要生产基地,大量的生鲜农产品通过批发环节进入城市市场,而且随着居民消费水平的提高,越来越多的消费者对现摘现发的生鲜农产品青睐有加,借助便利的互联网手段,直接下单从产地购买,生鲜农产品往往成为农村电子商务流通的主要货品。因此,乡村电子商务服务站要结合乡村物流业进行规划,以保证生鲜农产品的时效性。

3.农村电商的准公共性

现阶段,农村电商还未能实现体系化、标准化发展,农业电商体系具有一定的公共属性,需要国家和政府进行科学的牵头与引导,不断优化农村电商营商环境。为此,国家和地方政府应加大对农村电商的扶持力度,从政策、资金、宣传等方面入手,做好农村电商项目总体规划和正确引领,从而为农业经济发展全新赋能。

三 农村电子商务发展规划内容

1.分析规划区电子商务发展现状

内容包括规划区电子商务经营主体类型、数量、规模、年交易量、主要交易品类、基础设施建设等情况,通过纵向对比或横向对比分析,找出问题,同时还需要对规划区资源禀赋、文化特色等进行电子商务发展条件和环境分析。

2.确立农村电子商务主要发展目标

根据现状与问题分析,结合国家发展政策和地方发展需要、发展战略、总体思路等,明确电子商务的发展目标:引导电子商务企业发展农村电商新基建,提升农产品物流配送、分拣加工等电子商务基础设施数字化、网络化、智能化水平,发展智慧供应链,打通农产品上行"最初一千米"和工业品下行"最后一千米"。

3.对规划区电子商务进行功能布局

健全物流基础设施,建立农村电商网络体系。在原有电子商务综合服务平台的基础上,采取数据共享、资源整合的方法,将具备一定条件的农超、供销社、农村银行卡助农服务网点、村邮站等服务网点逐步改造升

级为农村电商服务站。将以前单纯的网上购买业务,逐步向物流包裹收寄、充值缴费、车票代购、商品介绍、生活资讯服务等业务拓展,为农民提供方便的一站式服务。

整合各大物流公司、邮政物流、乡际班车、供货与营销联社等乡村商业流通领域网络的物流网络资源,通过节点合一、互通衔接、资源共享,共同推进乡村物流配送系统建设,畅通农村电商"最后一千米"和"最初一千米",打造出"食品走过去、产品请过来"的乡村双向商业交易网络。

健全道路交通基础设施。完善偏远地区农村道路交通管理系统,使整个乡镇道路交通管理规范化,进一步建立和完善乡间物流配送站点,有效保证乡间物流配送车辆顺畅通行,为推进物流发展提供良好的基础配套设施。

4.确定实现目标的重大项目、产业发展重点及工作任务

(1)培育农产品网络品牌。加强可电商化农产品"三品一标"认证和推广,深入开展农产品网络品牌创建,大力提升农产品电商化水平。建设和优化农业大数据平台,健全农业供需信息网络,建立农业监控制度,及时监测农村行业动向,及时准确分类农村大数据信息,多方向传递,即时回应。

(2)提高电子商务经营主体的组织程度。把原来分散经营的农民和个人商贩组合,使其逐步发展壮大,成为具备投资能力和经营规模的农协、联合社等社会经济合作组织或经济实体,逐步发展成具备完全独立法人地位的农业市场主体,并以此对外开展经贸交流活动。此外,鼓励农村农民合作社多样化发展,形成松散化的"合作社+农民""企业+合作社+农民"组织模式,以及紧密型的"股份制龙头企业+培训基地+入股农民"组合模式,并按照公平、自愿的原则形成农村生产规模化运营的农民联盟模式,以引导和帮助农民发展成多样化的农业合作经营组织者。

(3)加强电子商务人才培养工作。农村电商人才缺失严重抑制了农村电商的发展。政府在培育农村电商人才中应发挥关键作用。一方面,政府要出台面向广大农村地区的政策,以吸纳更多具备电子商务专业知识的农村人员到乡村地区创业、就业,并引导农村大学生返乡创业,从而带动在外务工人员返乡。另一方面,政府还要大力开展对农村电子商务

的引导扶持,广泛宣传农村电子商务常识与技术基本操作,以提升广大农户对电子商务的认识水平与使用水平,有效促进电子商务与农村发展的融合。

5.完善资金支持等系列政策和保障措施

规划区相关管理部门要加大资金、技术和人才投入力度,强化资源整合与集成,为农产品生产和流通企业提供从种子、畜禽良种、原材料供应到农药、兽药、饲料、肥料品质管控和田地管理,以及农产品加工、包装、物流仓储、营销策划和金融保险等全链条服务。

▶ 第五节　农村物流业发展规划

一　农村物流业内涵

随着我国社会经济发展变化,农村物流业内涵也在不断深化,从早期为农产品生产、贮藏、加工和销售提供流通服务的产业逐渐演化成为农业生产、居民生活以及其他经济活动提供运输、装卸、包装、加工、仓储等相关服务的一切活动的总称。农村物流业是城乡商品流通的渠道,也是衔接农村生产和城市消费以及城市生产和农村消费的重要纽带。

2007年中央一号文件明确提出"健全农村市场体系,发展适应现代农业要求的物流产业",要求必须强化农村流通基础设施建设,发展现代流通方式和新型流通业态,培育多元化、多层次的市场流通主体,构建开放统一、竞争有序的市场体系。由此可见,农村物流业发展应重点关注以下几点:

(1)建设农村流通基础设施,这是农村物流业发展的前提。通过加强农村道路、信息网络和物流中心建设,为现代农村物流业发展提供条件。

(2)发展现代流通方式和新型流通业态,这是农村物流业发展的手段。现代物流业通过连锁经营、物流配送等现代流通方式实现了配送信息的高度整合,可以大大降低流通成本。

(3)培育多元化、多层次市场流通主体,这是农村物流业发展的保

证。农村物流业是一个跨行业、跨区域的复杂系统,从农资供销,农产品生产、仓储、运输、销售到农村居民消费品的采供销,流通的各个环节都存在市场流通主体,不同层次、不同形式的市场主体的作用也各不相同。

二 农村物流业发展规划内容

1.完善物流服务设施

加强农村信息网络基础设施的建设,统筹城乡物流发展。建设县级电子商务公共服务中心和物流配送中心、电商产业园、益农信息合作社、邮政服务点、电商服务站点,构建以县级物流节点为核心,以乡镇服务网点为骨架,以村级末端站点为延伸的县、乡、村三级物流服务设施体系。通过整合优化交通、快递、供销、商贸等农村物流基础设施,实现县、乡、村重点物流通道的联通。分类推进公用型物流基础设施和村级寄递物流综合服务站建设,构建不同类型的县、乡、村三级物流配送体系。

2.重点建设农产品物流网络

推进公益性农产品市场和农产品流通骨干网络建设。建设重要农产品集散地、优势农产品产地市场,支持产地建设农产品贮藏保鲜、分级包装等设施,鼓励企业在县、乡和具备条件的村建立物流配送网点,完善农产品冷链物流基础设施,加快补齐冷链物流的短板,提高物流运输能力。支持和引导骨干农产品批发市场及农产品流通企业推广现代冷链物流管理理念、标准和技术,建设具有集中采购和跨区域配送能力的农产品冷链物流集散中心,配备预冷、低温分拣加工、冷藏运输、冷库等冷链设施设备,建立覆盖农产品生产、加工、运输、储存、销售等环节的全程冷链物流体系。

3.提升农村物流服务效能

围绕农村产业发展和居民消费升级,推进物流与农村一、二、三产业深度融合,深化电商、快递进村工作,发展共同配送,打造经营规范、集约高效的农村物流服务网络,加快工业品下乡、农产品出村双向物流服务通道升级扩容,提质增效。推动物流服务与规模化种植养殖、商贸渠道拓展,扩大乡村特色的民俗制品、特色食品和地域标识农产品等产品的销售,推动农产品品牌打造和标准化流通,创新物流支持农村特色产业品质化、品牌化发展模式,提升农业产业化水平。

4.培育壮大市场流通主体

在农村合理布局各种类型的电子商务主体。发展邮政、快递等物流行业,在农村打造网络购物平台。推动农村电商末端网点的发展,可以依托于农产品购销代办站、农家店、村邮站、农村综合服务社、快递网点等不同的主体。普及互联网技术知识,加强家庭经营户对电子商务的认知,并借助互联网技术,实现网上销售农产品,从根本上解决农产品地域销售问题。

5.推动智慧物流和绿色物流发展

鼓励和支撑市场流通主体加快流通数字化应用和管理,深化智慧物流综合改革。鼓励企业加快传统冷库等设施智慧化改造升级,鼓励使用绿色、安全、节能、环保冷藏车及配套装备设施,以适应绿色配送发展需要。加强农村5G基站布局,通过5G、互联网、人工智能等与物流产业深度融合,建设智慧园区、智运快线和数字平台绿色智慧物流三要素,构建高效、智能、绿色、安全的现代化物流体系。

第八章　城乡融合发展规划

▶ 第一节　城乡融合发展规划理论基础

一　城乡发展关系

1.城市的形成离不开农村

"城"是围绕都城的高墙,"市"是交易的场所。因此早期城市的出现主要是农业剩余、贸易需求或防御需求的结果。现代意义上的城市主要出现在大约300年前,这些城市的形成更多的是农业发展的结果。农业发展到相对高的水平,能够提供剩余的农产品和劳动力,从而使手工业、商业和贸易活动从农业中分离出来,形成聚落。聚落与周围地区交往密切,人员和财富的聚集加快,规模不断扩大,最终发展成为城市。

2.城乡是两种不同的生态系统

城市是具有一定规模(一般是人口规模或非农建设用地规模)的以第二和第三产业活动为主的居民点,是一个与自然生态系统不同的生态系统,人参与其中,并起主导作用。而人是城市生态系统中最活跃最积极的因素,不断通过改造和干预自然生态系统满足其在城市中居住的需求,比如城市行道树基本上不是地方树种。因此,城市是典型的社会−经济−自然复合生态系统。而农村是以农业生产为主的空间形态,是典型的自然生态系统。

3.城市与区域环境关系

城市不是孤立存在的空间形态,城市与周围的广大农村地区构成了一个功能区域。城市与区域是相互联系、相互促进、相互制约的辩证关系。城市是区域发展的核心,但城市的发展受区域资源供给、环境容量、经济基础、市场需求等方面的制约。城市也会和区域产生商品、要素和信息的交换,推动区域发展,因此城市和区域共同构成一个统一、开发的巨大系统。

4.城市化进程中的城乡关系

城市和农村的关系还可以用城市化来反映,随着工业革命的诞生,世界各国城市化都在不断推进之中。城市化的典型特征是城市空间的扩大和农村空间的后退。简而言之就是以城市为中心,农村地区转变为城市地区的过程,城市化进程还伴随着农村人口转变为城市人口,农村自然经济转化为商品经济以及农村生活方式转化为城市生活方式的过程。城市化进程一般有三个阶段。在城市化初始阶段,人口分布较分散,城市发展很慢,经历的时间长,城市化水平低于25%,区域处于传统的农业社会状态;在城市化加速阶段,农村人口开始大量地进入城市,城市人口快速增加,城市数量增多、规模增大,城市化水平为60%~70%,区域的工业化在经济发展中占主导地位,城市在经济和社会发展中的各个方面都发挥着重要作用;当城市化水平进一步提高后,城市化速度逐渐减慢,进入城市化终极阶段,区域中的大多数人口都集中在城市,城市在区域经济和社会生活中起着主导作用,区域的发展表现出很强的城市特征。

5.城乡共同发展关系

从时间维度上看,城市形成的早期,农村为城市发展提供了物质基础,表现为城市发展离不开农村。随着城市逐步形成、具备自我发展的能力,城市进一步发展仅仅依靠周围农村地区进行资源配置已远远不够,需要通过交通线建设,从更广大的地区配置更多的资源,此时城市是农村发展的中心,农村地区对城市中心表现出更强的依赖性。当前,我国不平衡发展问题突出,尤其是城乡发展不平衡。农村地区发展离不开中心城市的支持和带动,强化以工补农、以城带乡,推动形成工农互促、城乡互补、协调发展、共同繁荣的新型工农城乡关系,是解决城乡不平衡发展问题的必然要求。

从空间维度上看,城市和农村相互联系密切,表现为城乡之间的相互依赖、相互竞争关系。其中,相互竞争包括资源竞争、要素竞争、市场

竞争、空间竞争,在没有干预的情况下,一切内外资源都会在城市中心的吸引力作用下流向中心城市,对农村地区经济发展造成相应的削弱。当然,城市和农村之间也存在共同发展关系。随着中心城市的成长,城市对周围农村地区的辐射和带动作用增强,城乡交流增加,城乡关系更加密切。在完全竞争的市场条件下,虽然中心城市的集聚作用和扩散作用都在增强,但集聚作用仍强于扩散作用,此时通过有效的政府干预,制定城乡优势共享、优势互补、优势叠加等政策,推动城乡合作、融合发展、协调发展,构建城乡共同发展的新型城乡关系。

二 霍华德的田园城市理论

1898年,霍华德出版了《明天,通往真正改革的平和之路》一书,提出了田园城市理论。他针对像伦敦这样的大城市所面临的拥挤、卫生问题,提出了兼有城市和乡村优点的理想城市——田园城市。田园城市包括城市和乡村两个部分,田园城市的居民生活于此、工作于此,在田园城市的边远地区设有工厂企业,对城市规模加以限制,每个城市的人口限制在3.2万人左右。超过这个规模就需要另建一座城市,以此保证城市不会过度拥挤,并能极为方便地接近乡村自然空间。

每个田园城市的城区用地占1/6,若干个田园城市围绕着中心城市(中心城市人口规模为5.8万人左右),城市之间是农业用地,包括耕地、牧场、果园、森林以及农业学院和疗养院,作为永久保留地。农业用地不得改作他用。

城市之间以快速交通和即时迅捷的通信系统相连。各城市经济上独立,政治上联盟,文化上密切联系。霍华德的田园城市理论把城市和乡村布局为一个城乡相互渗透的区域,构建了一个城乡统一协调发展的区域综合系统。田园城市理论为新型城镇化视角下的乡村产业空间布局提供了一种选择,即乡村产业可以围绕大城市和卫星城市展开布局,各有侧重,各司其能。

三 赖特的广亩城市思想

美国建筑师赖特把城市分散理论发展到极致,他在1932年出版的《消失的城市》一书中指出,未来城市应当是无所不在又无所在。他认为现代城市不能适应现代生活的需要,这类城市应该取消,尤其是大城市。他在随后出版的《宽阔的田地》一书中正式提出一种新的分散文明形式——广亩城市,这是一个把集中的城市重新布局在农业生产区域方格网上的方案。广亩城市中,城市居民居住在完全分散的低密度空间中,生活居住和就业空间基本一致。这在小汽车大量普及的条件下已经成为可能,美国20世纪60年代以后的郊区化就是这种思想的体现。

广亩城市的具体安排是,每一户周围都有一英亩(1英亩≈4 047平方米)的土地来生产供自己消费的食物和蔬菜。居住区之间以高速公路相连接,提供方便的汽车交通。沿着这些公路建设公共设施、加油站等,并将其自然地布局在为整个地区服务的商业中心之内。这种设想在人少地多的美国具有付诸实践的现实条件,在中国具有相当的局限性,但随着我国城市化进程发展到成熟阶段,农村地区也表现出较强的城市特征。广亩城市思想对协调乡村居民点和农业生产空间布局关系,具有一定的参考意义。

▶ 第二节 城乡体系规划

一 城乡体系规划内涵

城乡体系规划是在一定区域和时期内对城市、小城镇、村庄的数量、规模结构、发展目标、社会功能、经济布局、设施建设等所做的总体性设计和筹划,包括实施的步骤和措施。城乡体系规划一般可分为全国、省、市、县、镇(乡)五级规划。《中华人民共和国城乡规划法》第二章第十二条指出:国务院城乡规划主管部门会同国务院有关部门组织编制全国城镇体系规划,用于指导省域城镇体系规划、城市总体规划的编制。而省域城镇体系规划又是市县编制城镇体系规划的上位规划。城乡融合发展涉及的城乡体系规划主要是县以下区域,即县域城镇体系规划和镇(乡)域镇村体系规划。

二 县域城镇体系规划编制

根据2000年建设部(现住房和城乡建设部)印发的《县域城镇体系规划编制要点》,县域城镇体系规划的主要任务是落实省(市)域城镇体系规划提出的要求,指导乡镇域村镇规划的编制。县域城镇体系规划应当遵循有关的法律法规和技术规定,以经过批准的省(包括由国务院审批总体规划的城市)域城镇体系规划和县(市)国民经济和社会发展战略规划为依据,并与相关规划相协调。县域城镇体系规划编制主要从以下几个方面入手:

(1)县域城镇体系规划应突出城乡居民点有序发展的总体格局,布置县域基础设施和社会服务设施,保护基本农田和生态环境。

(2)县域城镇体系规划的期限一般为15~20年,近期规划的期限一般为5年。

(3)县域城镇体系规划内容包括:

①分析全县基本情况,综合评价县域的发展条件。收集县域经济、社会、资源环境等方面的历史、现状、发展基础资料以及必要的勘测资料。从区位、自然条件与自然资源、经济基础及发展前景、社会与科技发展、生态环境等方面进行县情分析与发展条件综合评价,提出县域发展的优势条件与制约因素。

②明确产业发展的空间布局。根据经济发展总体战略规划提出的目标,明确产业结构、发展方向和重点,提出空间布局方案;有条件的可划分经济区。

③预测县域人口,提出城镇化战略及目标。预测规划期末和分时段县域总人口及其构成情况,制定城镇化发展目标,确定城镇化发展战略和道路,提出人口空间转移的方向和目标。

④制定城乡居民点布局规划,选定重点发展的中心镇。预测城乡、城镇之间人口分布状况,合理确定城镇功能和空间布局结构,选取重点发展的中心镇,提出城乡居民点集中建设、协调发展的总体方案;有条件的可提出中心村和其他村庄布局的指导原则。

⑤协调用地及其他空间资源的利用。划分用地功能类型,标示各类用地的空间范围。根据保护生态环境、节约和合理利用土地、防灾减灾

等要求,提出不同类型土地及空间资源有效利用的限制性和引导性措施。

⑥区域性基础设施与社会服务设施统筹安排。提出分级配置各类设施的原则,确定各级居民点配置设施的类型和标准,然后根据适合县域共享或局部共享的设施类型,提出各类设施的共建、共享方案,避免重复建设。

⑦制定专项规划,提出各项建设的限制性要求。根据人口变化特点、地形条件与环境条件,合理规划交通、给排水、电力、电信工程等基础设施,教科文卫等社会服务设施,环境保护与防灾设施。还可以根据实际情况,有选择地编制广播电视、供热供气、科技发展、水利、风景旅游、文物古迹保护、园林绿化等其他专项规划。

⑧制定近期发展规划,确定分阶段实施规划的目标及重点。确定5年内具体发展目标、建设项目,并进行投资估算、建设用地预测,作为建设项目可行性研究及立项的重要依据。

⑨实施规划的政策建议。主要包括与城乡建设密切相关的土地、户籍、行政区划及社会保障等内容。

(4)县域城镇体系规划成果包括规划文件和规划图件两个部分。规划文件主要包括规划文本和规划说明书。规划文本是对规划的目标、原则和内容提出规定性和指导性要求的文件,要求内容简明、文字精练、用词准确。规划说明书是对规划文本的具体解释,应附有关专题报告和基础资料汇编。规划图件是规划成果的重要组成部分,与规划文本具有同等效力。规划图件至少要包括(除重点地区规划图外,图纸比例尺一般为1:50 000 ~ 1:100 000):

①县域综合现状图;

②县域人口与城镇布局规划图;

③县域综合交通规划图;

④县域基础设施和社会服务设施规划图;

⑤县域环境保护与防灾规划图;

⑥近期建设和发展规划图;

⑦重点地区规划图。

三 镇域镇村体系规划编制

镇村体系规划是对非县政府驻地的镇及其镇域范围内的村庄进行的总体设计和安排,也可以是镇域总体规划中的农村居民点规划。镇域内的镇村体系规划以县域城镇体系规划为依据,规划内容更加具体、可实施性更强。镇村体系规划重点是镇域内镇区、各级村庄建设规模和主要建设项目。

(1)调查镇区和村庄的现状,分析其资源和环境等发展条件,预测产业发展前景以及人口劳动力的流向趋势。

(2)落实镇区规划人口规模,划定镇区用地规划发展的控制范围。镇区和村庄规划规模按照人口数量划分为特大、大、中、小型四级。镇村体系规划要根据人口变动方向、规模以及镇村距离远近、辐射关系来确定规划镇村的等级关系(表8-1)。

表8-1 规划镇区和村庄规模等级

人口规模分级	镇区/人	村庄/人
特大型	>50 000	>1 000
大型	30 001~50 000	601~1 000
中型	10 000~30 000	200~600
小型	<10 000	<200

(3)根据产业发展和生活水平提高的要求,确定中心村和基层村用地规模和布局,并结合村民意愿,提出村庄的建设调整设想。

(4)确定镇域内主要道路交通、公共基础设施、公共服务设施以及生态环境、历史文化保护防灾减灾系统。

▶ 第三节 城乡融合发展规划

一 城乡融合发展战略实施背景

我国一直是典型的城乡"二元结构"国家。改革开放以后,随着社会主义市场经济的建立,城乡之间、工农之间的商品和要素流动逐渐增加,但城乡"二元结构"的特征依然较明显,"三农"问题依旧突出,从社会全局角度解决"三农"问题已经迫在眉睫。为此,党的十六大提出统筹城乡发展战略,随后户籍制度改革、新农村建设等城乡统筹发展政策落实,城乡发展对立局面逐渐消除,但仍未形成一体化发展格局。党的十八大进一步提出"推动城乡发展一体化"发展战略,通过工业反哺农业、城市支持农村,乡村振兴战略取得重大进展,城乡差距进一步缩小,农业发展方式和城镇化推进方式发生根本性转变,产业融合发展、城乡融合发展趋势明显,但仍然存在一些制度性障碍,为此,党的二十大又创造性地提出城乡融合发展战略,通过城乡融合发展体制和机制建设来推进城乡一体化发展。

二 城乡融合发展内涵

安徽大学创新发展研究院唐惠敏从城乡融合发展的前提基础、核心与目标出发,对城乡融合发展的内涵进行了解读。一是强调城乡地位平等并承认城乡差异,才有要素流动的市场动力和融合发展的必要;只有地位平等,城乡融合发展才可能是互利互惠的共生发展关系。二是城乡融合发展是城市和乡村优势互补、分工合作的双向过程,即城乡共建。地方政府是城乡融合发展的规划和指导者,通过城乡统一要素市场的构建,促进土地、资本、劳动力等资源要素的双向流动以及城乡公共资源的平等分配,缩小城乡差距。三是城乡融合发展促进了城乡均衡发展,城乡融合发展的成果惠及全体城乡居民。城乡融合发展的核心是城乡共建,这也是城乡融合发展规划的主要内容。

三 城乡融合发展规划内容

(一)构建城乡融合发展的空间格局

1.构建城乡四级空间结构体系

以中心城市为主体构建城镇乡村四级城镇结构体系。重视发挥中小城市对周围农村地区的辐射和带动作用,完善县城综合服务功能,推动农业转移人口就地就近城镇化。因地制宜发展特色鲜明、产城融合、充满魅力的特色小镇和小城镇,加强以乡镇政府驻地为中心的农民生活圈建设,以镇带村、以村促镇,推动镇村联动发展。以中心村建设为抓

手,通过清淤、改厕,铺设雨污水管网,入户路面硬化,道路和村内空闲地绿化建设生态宜居的美丽乡村。

2.形成城乡统一各异的发展形态

通盘考虑城镇和乡村发展,统筹谋划产业发展、基础设施、公共服务、资源能源、生态环境保护等主要布局,形成田园乡村与现代城镇各具特色、交相辉映的城乡发展形态。强化县域空间规划和各类专项规划引导约束作用,科学安排县域乡村布局、资源利用、设施配置和村庄整治,推动村庄规划管理全覆盖。综合考虑村庄演变规律、集聚特点和现状分布,结合农民生产生活半径,合理确定县域村庄布局和规模,避免随意撤并村庄搞大社区,违背农民意愿搞大拆大建。加强乡村风貌整体管控,注重农房单体个性设计,建设立足乡土社会、富有地域特色、承载田园乡愁、体现现代文明的升级版乡村,避免千村一面,防止乡村景观城市化。

(二)构建人和自然融合发展的乡村空间

1.高效集约的生产空间

乡村生产空间是以提供农产品为主体功能的国土空间,兼具生态功能。围绕保障国家粮食安全和供给重要农产品,充分发挥各地比较优势,科学合理划定和重点建设粮食生产功能区、重要农产品生产保护区和特色农产品优势区。合理划定养殖业适养、限养、禁养区域,严格保护农业生产空间。根据现代产业发展需要,科学划分乡村经济发展片区,统筹推进农业产业园、科技园、创业园等各类园区建设。

2.适度宜居的生活空间

乡村生活空间是以农村居民点为主体、为农民提供生产生活服务的国土空间。坚持节约集约用地,遵循乡村传统肌理和格局,划定空间管控边界,明确用地规模和管控要求,确定基础设施用地位置、规模和建设标准,合理配置公共服务设施,引导生活空间尺度适宜、布局协调、功能齐全。充分维护原生态村居风貌,保留乡村景观特色,保护自然和人文环境,注重融入时代感、现代性,强化空间利用的人性化、多样化,着力构建便捷的生活圈、完善的服务圈、繁荣的商业圈,构建适度宜居的生活空间。

3.山清水秀的生态空间

乡村生态空间是具有自然属性、以提供生态产品或生态服务为主体功能的国土空间。加强国家重点生态功能区保护,树立山水林田湖草是一个生命共同体的理念,加强对自然生态空间的整体保护,修复和改善乡村生态环境,提升生态功能和服务价值。全面实施产业准入负面清单制度,推动各地因地制宜制定禁止和限制发展产业目录,明确产业发展方向和开发强度,强化准入管理和底线约束。

【知识链接】某地"都市田园"乡村建设格局规划

分类推进村庄建设规划。引导十张、水库等搬迁拆并类村庄向大杨镇集中。大杨镇和三十岗乡纳入城市总体规划,逐步实现乡镇基础设施和城区互联互通、公共服务和城区共建共享,控制建筑高度和密度,注重保留乡村建筑风貌,避免村庄风貌都市化。大杨镇结合农业科研用地,发展科技孵化、中试、研发等科技服务类产业和生活配套服务业。引导三十岗乡在完善公共服务和交通基础设施的基础上向小城镇转变,建设成为服务"三农"的重要载体和面向周边乡村的生产生活服务中心。

持续改善村庄基础设施和公共环境,利用乡村资源和资产优势发展特色产业。崔岗、汪堰、柴冲、东瞿等特色保护类村庄予以保留。创新发展模式,结合民宿、文化生态休闲区建设,发展都市生态农业兼观光、采摘和农事体验及教育,形成特色资源保护与村庄发展的良性互促机制。大杨镇岗西村结合现代农业示范园建设,围绕高效精致农业发展智慧农业、分享农业。逐步形成崔岗艺术小镇、桃蹊田园综合体、汪堰旅游服务村、东瞿农家文化村、大杨镇都市现代农业示范园等集现代农业、休闲旅游、田园社区为一体的多产业、多功能有机结合的都市田园乡村。

第九章

乡村生态环境规划

▶ 第一节　乡村生态环境现状

一 乡村生态环境内涵

生态环境是指影响人类生存与发展的水资源、土地资源、生物资源以及气候资源数量与质量状况的总称。乡村生态环境指的是农业生物赖以生存的大气、水源、土地、光、热以及农业生产者劳动与生活的环境。乡村生态环境是生态环境的重要组成部分,在我国农村区域占国土面积的一半左右,因此,乡村生态环境好坏关系到我国生态战略目标实现与否。

当人类活动规模和力度都比较小的时候,生态系统能够保持一定的平衡,但当人类对自然的改造和开发活动超过生态系统承载力的时候,就会出现生态环境问题。我国乡村生态环境问题主要出现在改革开放以后,随着农村工业的发展以及农业生产中过量投入化肥和农药,农村中的水、大气和土壤均遭到不同程度的污染。党的十八大之后我国社会经济发展取得了巨大成就,人们对环境友好型产品的需求在提高,"绿水青山就是金山银山"的理念深入人心,一系列生态战略措施逐步贯彻落实,乡村生态环境也在逐渐改善。

二 乡村生态环境污染

(一)农业面源污染

农业面源污染是指农村地区在农业生产过程中产生的未经合理处

置的污染物对水体、土壤、空气以及农产品造成的污染。污染来源是农业生产过程中不合理使用而流失的农药、化肥,残留在耕地中的农用薄膜和处置不当的农业畜禽粪便、恶臭气体以及不科学的水产养殖等产生的水体污染物。

1.化肥不合理使用造成的面源污染

2015年,我国农用化肥使用量为6 022万吨,达到历史最高峰,此后逐年减少。2021年,农用化肥使用量减少至5 191万吨,平均每公顷使用量为307千克,但与国际公认的化肥使用安全上限225千克/公顷相比,仍超标36.4%左右。另外,我国化肥利用率仅为30%左右,其余70%左右流失的氮肥、磷肥在降雨和灌溉过程中,通过地表径流和农田排水系统对我国的土壤资源和水资源造成了较严重的污染。

2.农药不合理使用造成的面源污染

我国农药使用量一直居高不下,2013年达到峰值180.77万吨,此后有所下降。为推进农业发展方式转变,实现农药减量控害,2015年农业部(现农业农村部)制定了《到2020年农药使用量零增长行动方案》,之后我国农药使用量明显减少,2019年减少至139万吨,但依然处于较高水平。并且由于缺乏有效且完善的回收机制,农药包装物随意丢弃现象比较普遍,而农药包装物中残留的农药量占总重量的2%～5%,这些都对我国农村生态环境造成了严重危害。

3.农膜大量使用造成的面源污染

农膜具有保持温度、湿度和提升温度的作用,有利于农作物的生长,因此农膜在种植业中被大面积推广使用。有关数据表明,2015年我国农膜使用量为260万吨,达到历史新高,在农业面源污染治理实施之后,使用量开始下降,2019年仍有240万吨。农膜的土壤残留率较高,会破坏土壤的结构,导致土壤次生盐碱化,影响水分的渗透,因此会造成大量"白色污染",阻碍农业农村的绿色发展。

4.规模化养殖排放量大造成的面源污染

2020年,中华人民共和国生态环境部、国家统计局、中华人民共和国农业农村部发布的《第二次全国污染源普查公报》显示,2017年,农业面源水污染物排放量中化学需氧量为1 067.13万吨,总氮为141.49万吨,总磷为21.20万吨,其中畜禽养殖业水污染物排放量中,化学需氧量

为 1 000.53 万吨,总氮为 59.63 万吨,总磷为 11.97 万吨,占比分别是 93.76%、42.14%、56.46%。畜禽规模养殖场水污染物排放量中的化学需氧量、总氮、总磷在畜禽养殖业水污染物排放量中的占比分别是 60%、62% 和 67.2%,畜禽规模以下养殖场水污染物排放量中这三项指标的占比分别是 40%、38%、32.8%。由此可见,畜禽规模养殖是农业面源水污染的重要原因,也是造成水体富营养化的主要原因。

(二)人居环境污染

《第二次全国污染源普查公报》显示:2017 年,全国生活源水污染物排放量中,化学需氧量为 983.44 万吨,氨氮为 69.91 万吨,总氮为 146.52 万吨,总磷为 9.54 万吨,动植物油为 30.97 万吨。其中农村地区的水污染物排放量中这五项指标的占比分别是 50.8%、35%、30%、39%、64%,由此可见,农村地区以占全国 36% 的人口数,产生了近一半的生活污水,这也从一个侧面反映了农村地区的生活污水处理能力较低。另据第三次全国农业普查结果,2016 年末,只有 17.4% 的农村生活污水进行了集中处理或部分集中处理。

除了生活污水,对农村生态环境造成影响的还有大量生活垃圾和人畜粪便。第三次全国农业普查结果显示:2016 年末,只有 73.9% 的农村生活垃圾进行了集中处理或部分集中处理,53.5% 的农村完成或部分完成改厕。

(三)乡村产业发展带来的污染

随着我国农村工业的迅猛发展,农村地区的生态环境污染问题也越来越突出,有些乡镇企业未完善废弃物的处理设施,将生产过程中产生的未经处理的污水、废气随意排放,对农村地区生态环境造成了严重破坏。有些乡村虽然没有发展现代工业,但是在发展乡村旅游业、特色产业加工等过程中也产生大量污染。自然景观优越的乡村,环境的容纳能力有限,随着乡村旅游业的发展,大量游客涌入,生活垃圾增加,加之旅游接待分散,集中处理难度大,不仅影响景观质量,还会造成水体严重污染,导致人居环境恶化。另外,农产品加工过程中产生的废弃物,包括制造饮料产生的果皮残渣,加工畜禽产生的下脚料,生产淀粉产生的甘薯渣、马铃薯渣,制糖产生的甜菜渣、甘蔗渣,加工粮油产生的稻壳、麦麸、菜籽饼(粕)、豆渣等,酿酒产生的酒糟,加工乳制品产生的乳清以及餐厨垃圾等,由于村民环保意识低、环保成本高等原因,不能同步进行减污处理,对环境造成很大污染,进一步加剧了农村环境恶化。

三 我国乡村生态环境建设成就

1.农村人居环境显著改善

改善农村人居环境是农村生态文明建设的一场硬仗。党的十九大报告将生态宜居作为乡村振兴战略的重要内容,明确要求开展农村人居环境整治行动。2018年底至2019年初,《农村人居环境整治三年行动方案》《农村人居环境整治村庄清洁行动方案》《关于推进农村"厕所革命"专项行动的指导意见》等文件相继出台,这些政策的有效落实使得农村垃圾、污水、面源污染等问题得到一定程度的解决,在一定程度上改变了村容村貌,使农村人居环境得到了极大改善。农业农村部发布的相关数据显示,到2019年上半年,全国80%以上行政村的农村生活垃圾得到有效处理,近30%的农户生活污水得到处理,农村改厕率超过50%,污水乱排乱放现象明显减少,厕所卫生环境得到明显提升。

生态环境部等印发《农业农村污染治理攻坚战行动方案(2021—2025年)》,明确了"十四五"期间开展农村生活污水垃圾治理和黑臭水体治理,新增完成8万个行政村环境整治,农村生活污水治理率达到40%,力争2025年农村环境整治水平显著提升,基本消除较大面积农村黑臭水体。

2.乡村生态环境持续向好

党的十八大以来,党中央、国务院高度重视农业农村绿色发展。2016年,中央一号文件明确指出"加强资源保护和生态修复,推动农业绿色发展"。2017年,中央一号文件提出了"推行绿色生产方式,增强农业可持续发展能力""推进农业清洁生产""集中治理农业环境突出问题",并取得了积极成效。截止到2021年底,三大粮食作物化肥农药使用量连续5年保持下降趋势,农作物秸秆综合利用率超过88%,农膜回收率稳定在80%以上,畜禽粪污综合利用率达到76%,高标准农田面积达到9亿亩,黑土地保护工程深入实施,受污染耕地安全利用率稳定在90%以上,种质资源保护深入推进,长江"十年禁渔"稳步实施,草地贪夜蛾等重大危害外来入侵物种得到有效防控。《农业农村污染治理攻坚战行动方案(2021—2025年)》中指出"十四五"期间将进一步实施化肥农药减量增效

行动,深入实施农膜回收行动,加强养殖业污染防治。到2025年,化肥农药使用量持续减少,主要农作物化肥、农药利用率均达到43%,农膜回收率达到85%,畜禽粪污综合利用率在80%以上,农业面源污染得到初步管控,农村生态环境持续改善。

▶ 第二节　乡村生态环境规划任务

乡村生态环境规划是乡村生态决策在空间、时间上的具体体现,以协调现代农业、农村建设和农村环境保护之间的矛盾,防止环境被污染和破坏。乡村生态环境规划的主要任务就是实现乡村地区生态环境的保护和治理,实现农村地区自然生态系统的良性循环,提高城乡居民的生活质量,确保农村社会经济健康持续发展。乡村生态环境保护与治理包括自然环境、农业生产环境、人居环境三个方面的保护和治理。保护和治理的侧重点不同,下面从保护和治理两个角度介绍规划的任务。

一 乡村生态环境保护

1.自然环境保护

通过划定生态功能区对自然环境进行全方位的保护。生态功能区除了自然保护区、重要文物古迹保护区、水源保护区以及风景名胜保护区等,还包括一切具有生态功能的自然环境、生态系统较脆弱的地区。生态功能区一般为限制开发区域,明确其产业发展的方向,限制不符合产业发展方向的产业开发,设置准入条件和负面清单。"十三五"期间,全国10 638个农村"千吨万人"水源地全部完成保护区划定,6.8万个饮用水水源保护区完成环境风险排查整治,这大大改善了农村生态环境。

2.农业生产环境保护

农业生产环境保护是通过对影响农业生产环境的因素进行改进和优化,以保证农业生产条件的可持续性,改善环境,提高农业生产效率。保护措施主要是通过产地环境保护,合理调整农业生产结构,发展绿色农业、生态农业,保护和改善土地资源,防止土壤板结和环境污染,实现农业生产可持续发展。产地环境改善的具体措施有高标准农田建设,中低产田改造,黑土地保护工程实施;种植结构优化的具体措施有间作套种、水旱轮作等,这些方法有益于土壤改良,实现用地和养地结合,维持农业生态系统稳定;绿色农业的具体措施包括绿色肥料、绿色防控、减少地膜覆盖等,减少或防止有毒有害物质的污染,保护农业生产环境。

3.人居环境保护

人居环境保护主要是通过农村居民点规划,避免村民自拆自建住宅,导致村庄无序发展。通过合理规划农村住宅,从村庄整体空间结构上考虑农村住宅用地与生态保护区、公共基础设施和服务设施的关系,科学合理布局住宅区、村民广场和村内绿化带,防止闲置浪费或维护成本过高。考虑到农村住宅还兼具生产功能,除居住空间外,还需要根据村民生产生活习惯,配置农机具、谷物等贮藏空间,室外晾晒场地、农产品加工场所以及农村居民家庭种菜、养殖场所等。因此,合理布局和设计农村住宅不但可以提高乡村风貌,还可以有效避免私搭乱建、乱堆乱放。

二 乡村环境污染治理

1.生产环境污染治理

据相关统计数据,全国畜禽养殖业水污染物排放量中总氮和总磷排放量分别占农业面源水污物排放量中总氮和总磷排放总量的42.14%和56.46%,畜禽粪污导致的面源污染是工业有机污染的4.1倍。加上农药、化肥、生长调节剂、难以降解的大量地膜等农用物资不断地被投入农业生产环境中,长此以往会造成土壤板结、有机质减少、地表水和地下水污染、湖泊等水体富营养化等。因此,改善农村生态环境,除了加强农田保护,还要对已经污染的土壤和水体进行治理。主要治理措施包括推广健康绿色养殖,提高畜禽规模养殖场和养殖户粪污处理能力,加强畜禽养殖水污染的防治,提高废旧农用物资、畜禽粪污资源化利用水平和处理能力,系统治理农村黑臭水体。

2.人居环境污染治理

当前,农村人居环境的主要污染物为人畜粪便、生活垃圾、生活污水以及农产品加工废料等。在农村,没有污水管网对人畜粪便、生活污水实行统一处理,生活垃圾随意丢弃,并且随着农村生活水平的提高,产生的垃圾不断增加,清理、收集、转运、统一处理的难度较大。这些污染物

最终进入农村河道,导致农村地区的水体污染严重。农村人居环境整治的重点是改善农村厕所卫生状况,有效处理人畜粪便,分类推进农村生活污水处理设施建设,健全农村生活垃圾的收运处置设施,发展无污染特色产业加工,治理农村私搭乱建,美化绿化农村环境。

▶ 第三节 乡村生态环境规划

一 现状分析

通过资料收集和实地走访调查,获得规划区环境保护与治理现状的第一手资料和统计信息资料,然后对资料进行分类整理,分析归纳出规划区内生态保护区、农业生产区、乡村建设区的环境保护与治理取得的成绩和存在的问题。

二 规划目标

规划目标分为定性目标和定量目标。定性目标着重于实现规划区内农业农村生态环境持续改善,具体包括农业面源污染得到控制,农村环境基础设施逐步完善,乡村面貌实现绿化美化,农业绿色发展逐步推进;定量目标有主要农作物化肥利用率、绿色防控覆盖率、统防统治覆盖率、农膜回收率、农药包装废弃物回收率、回收物处理率、秸秆综合利用率、畜禽粪污综合利用率、生活污水治理率、农村卫生厕所普及率提升,以及美丽乡村和生态振兴乡村的建成数量增加等。

三 规划内容

(一)划定功能区

根据土地利用总体规划、上位规划、国家政策调整以及规划区现状,划定规划区内乡村建设区、农业生产区、生态功能区的范围。不同功能区采取的环境保护措施不一样。乡村建设区就是农村居民生活区,以人居环境保护与治理的建设项目为主;农业生产区以产地环境保护与整治的建设项目为主;生态功能区禁止一切对环境有污染的生产活动。

（二）生态功能区的生态环境规划

生态功能区范围内禁止一切可能污染环境的生产活动。根据《中华人民共和国自然保护区条例》第二十六条规定,禁止在自然保护区内进行砍伐、放牧、狩猎、捕捞、采药、开垦、烧荒、开矿、采石、挖沙等活动。根据《中华人民共和国水污染防治法》,禁止在饮用水水源一级保护区内从事网箱养殖、旅游、游泳、垂钓或者其他可能污染饮用水水体的活动。《中华人民共和国风景名胜区条例》第二十六条规定:在风景名胜区内禁止开山、采石、开矿、开荒、修坟立碑等破坏景观、植被和地形地貌的活动。生态功能区的生态环境规划也可以根据相关条例,在划定的生态功能区范围内列出禁止性经济活动,以保证生态功能区内只能进行有限的开发和利用,生态功能区以提供生态产品为主,包括清新空气、清洁水源、宜人气候以及绿色的农产品、服务产品和工业产品。

（三）乡村建设区的生态环境规划

乡村建设区就是农村居民的生活区,乡村建设区的生态环境规划任务就是人居环境保护与治理。具体包括农村生活污水治理、垃圾处理,改革农村卫生习惯,绿化美化农村环境。

1.分区分类治理生活污水

坚持集中治理与分散治理相结合,对县城和镇周边村庄的生活污水通过建设收集管网,纳入城镇污水处理系统;对离城镇较远、人口较多的村庄建设10～500吨的村级生活污水处理设施,集中处理,达标排放;对居住分散的农户建设联户或单户式生活污水处理设施,结合厕所粪污无害化处理和资源化利用,处理后就地就近综合利用。优先推广运行费用低、管护简便的污水治理技术,鼓励居住分散地区采用人工湿地、土壤渗滤等生态处理技术,达到资源化利用要求后,将处理后的污水用作庭院美化、村庄绿化用水等。

2.农村黑臭水体治理

调查了解农村现有的黑臭水体分布和成因,科学评估垃圾坑、粪污塘、废弃鱼塘等淤积严重的水体的底泥污染情况,统筹治理农村黑臭水体、生活污水、垃圾、种植、养殖等污染。根据水体的集雨、调蓄、纳污、净化、生态、景观等功能,科学选择生态修复措施。在黑臭水体治理难度大、工作量大的地区,可以优先治理房前屋后河塘沟渠和群众反映强烈

的黑臭水体,采取控源截污、清淤疏浚、生态修复、水体净化等措施进行综合治理,基本消除较大面积黑臭水体。

3.继续推进农村厕所革命

逐步普及农村卫生厕所。新改户用厕所基本入院,有条件的地区要积极推动厕所入室,合理规划布局公共厕所,提高卫生厕所普及率。新建农房应配套设计建设卫生厕所及粪污处理设施设备。鼓励有条件的地区积极推动卫生厕所改造与生活污水治理一体化建设,因地制宜推进厕所粪污分散处理、集中处理与纳入污水管网统一处理,鼓励联户、联村、村镇一体化处理。加强厕所粪污无害化处理与资源化利用,统筹使用畜禽粪污资源化利用设施设备,逐步推动厕所粪污就地就农消纳,实现综合利用。

4.推进农村生活垃圾治理和资源化利用

健全生活垃圾收运处置体系,统筹县、乡、村三级设施建设和服务,完善农村生活垃圾收集、转运、处置设施和模式,因地制宜采用小型化、分散化的无害化处理方式;加快推进农村生活垃圾源头分类减量,积极探索符合农村特点和农民习惯、简便易行的分类处理模式,减少垃圾出村处理量。有条件的地区,探索农村生活垃圾分类与资源化利用,实现有机生活垃圾、厕所粪污、农业生产有机废弃物合并资源化处理利用,以乡镇或行政村为单位建设一批区域农村有机废弃物综合处置利用设施。

5.村容村貌提升行动

加强入户道路建设,解决村民出行不便、不安全问题。整治农村户外广告,清理私搭乱建、乱堆乱放。因地制宜开展荒山荒地荒滩绿化,加强农田(牧场)防护林建设和修复,保护乡村山体田园、河湖湿地、原生植被、古树名木,引导鼓励村民通过栽植果蔬、花木等开展庭院绿化,通过农村"四旁"(水旁、路旁、村旁、宅旁)植树推进村庄绿化,充分利用荒地、废弃地、边角地等开展村庄小微公园和公共绿地建设。支持条件适宜地区开展森林乡村建设,实施水系连通及水美乡村建设试点。

6.建立农产品加工园区

推进农产品加工向园区集中,配套建设污染处理设施,控制乡村工业污染。推进政策集成、要素集聚、企业集中、功能集合,发展"外地经济"模式,建设一批产加销贯通、贸工农一体、一、二、三产业融合发展的农产品加工园区。提升农产品加工园集聚效应,强化科技研发、融资担保、检验检测等服务,完善仓储物流、供能供热、废污处理等设施,促进农产品加工企业聚集发展。建设布局合理、功能明确、环境优化的乡村空间格局。

(四)农业生产区的生态环境规划

当前,农业生产区面临的环境问题主要是面源污染,其规划任务就是产地环境保护与治理。具体包括发展绿色农业、科学使用投入品、治理农业面源污染和资源化利用农业废弃物。

1.实施化肥减量增效行动

精准施肥,根据各地区水稻、玉米、小麦、油菜等氮肥推荐定额用量,控制化肥使用总量。在粮食主产区及果菜茶等经济作物优势区逐步实现测土配方施肥全覆盖。改进施肥方式,推广应用机械施肥、种肥同播、水肥一体化等措施,减少肥料养分挥发和流失,提高肥料利用效率。推广使用缓释肥料、水溶肥料、微生物肥料等新型肥料,拓宽畜禽粪肥、秸秆和种植绿肥的还田渠道,有条件的地区推进有机肥替代化肥。鼓励专业化服务组织,提供统测、统配、统供、统施"四统一"服务。

2.实施农药减量增效行动

加强农药销售管理,推广病虫害全程绿色防控,提高农作物病虫害专业化统防统治覆盖率和病虫害绿色防控覆盖率;科学用药,采用高效低风险农药,淘汰高毒农药;采用新型高效植保机械,推进精准施药,提高农药利用效率;构建农作物病虫害监测预警体系,建设一批智能化、自动化田间监测网点,提高重大病虫疫情监测预警能力。

3.开展秸秆收储体系建设

在秸秆产出较多的区域,广辟秸秆终端利用渠道,建立区域性秸秆收储加工中心、各类标准化秸秆收储中心和田间地头的露天堆场,引导各类主体参与秸秆收储体系建设,根据秸秆利用形式,对秸秆进行分类存储、分期利用。支持秸秆饲料化、基料化利用,提高秸秆机械化还田技术水平,逐步形成以饲料化利用为主、以燃料化利用为辅、基料化和原料化利用协同发展的产业化利用格局,促进整体利用结构不断优化。

4.减量使用农膜和治理农膜污染

推广农膜科学使用技术,减量使用传统地膜、推广应用安全可控替

代产品,实现地膜残留量负增长。推广全生物可降解地膜有序替代。建立健全农田地膜残留监测点,开展常态化、制度化监测评估。开展农膜污染治理行动,因地制宜调减作物覆膜面积,大力推进废旧农膜机械化捡拾、专业化回收、资源化利用,建立健全回收网络体系,提高废旧农膜回收利用和处置水平。

5. 加强养殖业污染防治

根据畜禽水产养殖发展情况和生态环境保护需要,修订和制定畜禽养殖水污染物地方排放标准和水产养殖业水污染物排放控制标准。监督指导水产养殖、畜禽规模养殖场依法持证排污、按证排污或者进行排污登记,遵守排污许可证管理规定;推动畜禽规模养殖场粪污处理设施装备提档升级,规范畜禽养殖户粪污处理设施装备配套,推进种养结合,畅通粪肥还田渠道,根据畜禽粪肥限量标准,指导各地安全合理施用粪肥。大力发展水产生态健康养殖,积极推广池塘工厂化循环水、大水面生态增养殖、稻渔综合种养等多种生态健康养殖模式。

6. 推进农产品加工废弃物综合利用

农产品加工过程中产生的废弃物,比如果蔬皮渣、稻壳、麦麸、菜籽饼(粕)、豆渣等都是有机废弃物,如果加以利用,既可以消除环境污染还可以提高资源利用效率。比如果皮可以用于生产酒精及酒精饮料、柠檬酸、膳食纤维、香精和色素,豆渣可以用于加工食品,花生壳可以用于生产纤维板,柚子皮可以用于生产柚精油,鱼骨可以用于加工鱼骨糊和鱼骨粉,鱼皮可以用于制革,海藻渣可以用于生产肥料等。目前,我国农产品加工废弃物综合利用率不高,很多领域还未系统开发利用,废弃物开发潜力很大。

鼓励大型农业企业和农产品加工园区推进加工副产物循环利用、全值利用、梯次利用,实现变废为宝、化害为利。采取先进的提取、分离与制备技术,推进稻壳米糠、麦麸、油料饼(粕)、果蔬皮渣、畜禽皮毛骨血、水产品皮骨内脏等副产物综合利用,开发新能源、新材料等新产品,提升增值空间。通过综合利用,把农产品资源"吃干榨净",使其物尽其用,既有利于农产品加工副产物资源化利用,减少最终废弃物排放量,也有利于改善环境,促进美丽乡村建设。

参 考 文 献

[1] 吴传钧.经济大辞典(国土经济·经济地理卷)[M].上海:上海辞书出版社,
    1988.

[2] 李宇军,张继焦.社会常识简明读本:农村[M].北京:长征出版社,1998.

[3] 刁明碧.理论统计学[M].北京:中国科学技术出版社,1998.

[4] 上海社会科学院生态与可持续发展研究所,世界运河历史文化城市合作组
    织.世界运河古镇绿色发展报告[R].上海:上海社会科学院出版社,2020.

[5] 胡鞍钢.中国创新绿色发展[M].北京:中国人民大学出版社,2012.

[6] 何盛明.财经大辞典[M].北京:中国财政经济出版社,1990.

[7] 朱士农,张爱慧.园艺作物栽培总论[M].上海:上海交通大学出版社,2013.

[8] 刘连馥.绿色农业生产技术原则应用手册[M].北京:中国财政经济出版社,
    2009.

[9] 付明星.现代都市农业:两型农业模式[M].武汉:湖北科学技术出版社,
    2012.

[10] 大卫·H.卡普兰,史蒂文·R.霍洛韦,詹姆斯·O.惠勒.城市地理学[M].第3
     版.周晓艳,李全,叶信岳,译.武汉:武汉大学出版社,2021.

[11] 邓先瑞.自然地理与环境资源研究[M].武汉:长江出版社,2015.

[12] 张京祥,黄贤金.国土空间规划原理[M].南京:东南大学出版社,2021.

[13] 李锦顺.乡村生态宜居环境建设[M].北京:华龄出版社,2022.

[14] 廖飞,黄志强.现代农业生产经营[M].石家庄:河北科学技术出版社,2019.

[15] 杨伟民.发展规划的理论和实践[M].北京:清华大学出版社,2010.

[16] 李小建.经济地理学[M].北京:高等教育出版社,1999.

[17] 朱朝枝.农村发展规划[M].北京:中国农业出版社,2004.